韓国司法制度入門

——司法制度概要と立法動向——

金　洪奎著

信　山　社

序　文

本書は、現在、韓国・漢陽大学法学部客員教授としてご活躍されている金洪奎先生が、一九九八年九月に立命館大学法学部において夏期集中講義のために学生向けに書き下ろして戴いた講義案である。長年、韓国において法曹教育および立法活動に関与されてきた金先生が、韓国の司法制度の概要および最近の立法動向について極めて詳細な資料に基づいて講義案を作成して戴いたことに対して心より感謝申し上げる次第である。本書は、韓国の司法制度の現状について研究する上でも極めて貴重な文献であると考える。とりわけ、韓国の司法制度の全体像についての記述は他に類書を見ないものであり、また、わが国においてもその必要性が叫ばれている集団訴訟に関する法案についての比較法的な考察は極めて示唆に富むものである。

韓国と日本との学術交流については、近時、各学界において活発に展開されてきている。また、近くて遠い国とされてきた両国は、来年の夏、サッカー・ワールドカップも共同開催されることになっており、若い世代の文化交流は今後も飛躍的に発展するものと信じている。私は、過去の両国の歴史をもう一度再確認しながらも、将来に向かって両国の学術文化交流をより発展させることが両国の平和・友好のために必要不可欠であると考える。かかる意味において、本書が日本における韓国法の理解のために寄与することを念じている。なお、本書の校正については、玄守道君（立命館大学大学院法学研究科博士課程在学）にお世話になった。

二〇〇一年三月六日　京都

立命館大学法学部教授　出口雅久

はしがき

本書は、立命館大学法学部における一九九八年九月六日から一一日までの夏期集中講義案として学生の皆様のために韓国の司法制度概要と韓国における立法動向（改正民事訴訟法案と集団訴訟法案）の簡単な紹介を纏めたものである。本書において紹介した民事訴訟法案と集団訴訟法案は未だに論議を重ねられている状況である。立命館大学法学部の出口雅久教授のご親切なお勧めがあって、集中講義を承諾したものの、講義準備は時間に追われてこのように粗末なものになってしまったことは、どうかご海容戴きたい。本書の刊行については、出口教授のご仲介で信山社の渡辺左近氏に快く出版をお引き受けして戴いた。私にこのような機会を与えて下さった出口教授と渡辺氏に心から感謝の意を表する次第である。また、このような粗末な講義案ではあるが、本書を通じてこの分野に関心をお持ちになる日本の皆様が隣り合う韓国の司法制度に対する一応の理解をなされ、今後とも韓国と日本の相互間の学問交流の一助となれば、私にとって望外の幸せである。

二〇〇一年三月六日　ソウルにて

金　洪　奎

目　次

第一編　韓国司法制度の概要

第一章　韓国における近代的司法制度の成立

第一節　近代国家における司法

一　司法制度の概念

近代国家における司法制度とは、紛争解決制度としての裁判制度を意味する。近代的国家が社会の中心的勢力として登場すると共に社会に発生する紛争に対しては、原則的に自力救済を禁じ、その代わりに国家が紛争解決機関として法廷を設置して、紛争解決を求める当事者一方の申し立てがある場合、その紛争に利害関係者を参加させて紛争解決の基準として国家の立法機関が定立した法律を適用して、裁判によって紛争を解決する制度を提供するものである。

近代国家においては、一般に裁判は法律を適用する法律判断であると考えられている。裁判は本来国家の立法機関の定立した法規の有無に拘らず行うことができ、また必要に応じて行わなければならないはずのものである。

しかし、社会関係が複雑となり、事件数が増加し、裁判官も多数になると裁判の一貫性と公正を期するため、その手続方式とその基準（訴訟法と実体法）を定めて（法規）、これを適用、遵守して裁判をしなければならない。適用すべき基準（法規）を欠く場合は、判例や慣習、条理に従ってこれを補完しなければならない。

司法権とは、国家統治権の一作用として国内で行われる裁判その他の手続きについて当事者その他の関係者を服従させることができる権能である。これには事件当事者が、その受けた裁判の効力に拘束されることに限らず、事件の審理のために第三者を証人、鑑定人として強制的に審問したり、文書、検証物の所持者に提出させることもできる権能が含まれる。

二　司法制度と憲法裁判所

韓国憲法第五章には、司法権は法院に属すると規定すると共に、同憲法第六章には、特に法院以外の別の機関である憲法裁判所が管掌する審判事項を規定している。法院組織法二条一項にも、憲法に特別に規定がある場合を除いて、法院は一切の法律上の争訟訴訟を裁判する権限を有する旨を規定しているのも同じ趣旨である。

従って、韓国憲法が規定する司法権の範囲には、法律の違憲審判などの憲法裁判所の管掌事項は属さないことは明白である。

なお国際法上の裁判権の除外（例えば外交使節の条約に基づく治外法権や外国元首に対する裁判権の制限）と憲法六条に「韓国が締結、公布した条約と一般的に承認された国際法規は、憲法によって国内法と同一の効力がある」旨を規定していることに基づいて間接的に司法権の例外をなしている。

＊　国際法上、韓国に滞在する外国元首、外交使節、その随行員、家族などは、治外法権を享有しているので、韓国内にあっても韓国の裁判権に服さない。従って、これらの者に対しては、民事訴訟の提起、強制執行、刑事訴追をしたり、強制的に証人訊問などをすることはできない。なお外国の国家も被告として訴えることはできない。但し、これらの者において個々の事件について正式にその特権を放棄した場合にはこの限りでない。

＊　韓米行政協定（韓国とアメリカ合衆国の相互防衛条約四条による施設と区域及び韓国における合衆国軍隊の地位に関する協定）二三条は、駐韓米軍の構成員及び内国人でない雇用者の公務執行中の不法行為については、韓国法院の民事裁判権が免除されると規定している。この規定によれば駐韓米軍の公務上の不法行為によって韓国人が損害を被った場合は、韓国の国家賠償法により韓国政府を被告とし提訴しなければならない。この場合韓国政府がアメリカ合衆国のために訴訟担当者となるのである（同協定二三条五項、同協定施行に伴う民事特別法二条）。駐韓米軍の公務執行と関係のない不法行為によって損害を被った場合は、韓国の民事裁判権が及ぶ。但し、先ず韓国当局の賠償金の査定と米軍当局の賠償金支給提議を不服とする場合に限って、米国軍人を相手に韓国法院に提訴することができる（同協定二三

条、六項)。

国際連合の機関及びその傘下の特別機関とその機関の代表者及び職員は、職務上の行為について韓国法院の民事裁判権の免除権を享有する(UN憲章一〇五条)。なお、憲法一〇七条一項には、「法律が憲法に違反するか否かが裁判の前提になっている場合には、法院は憲法裁判所に提請しその審判によって裁判する」と規定して、法院には違憲法律審判権を与えず、ただ違憲法律審査請求権を付与しているだけである。この提請は大法院と各級法院が行うことができ、大法院以外の法院が違憲法律審判提請をする際には、大法院を経由しなければならない(憲法裁判所法四一条三項)と規定している。

第二節　近代的司法制度の成立

一　はじめに

司法制度は、歴史的に生成された産物である。それ故に、その歴史的生成過程を辿ることによって司法の形態と内容を正しく理解することができる。しかし、現在の韓国の司法制度、即ち裁判制度は、周知の如く韓国の歴史の中で育まれたのではなく、一九世紀末に韓国的伝統と異なる伝統・風土の下で生育、発展してきた西欧の制度、即ち大体において現在行われている司法組織にほぼ近い西欧の裁判制度を鵜呑みにし、一朝一夕にその姿を現してきたのである。西洋の裁判制度をそのまま導入することによって西洋社会で普遍的に見られる法と裁判制度の密接な照応関係は、事実上不可能であった。当時行われた法規範は、朝鮮前期時代(一三九二—一八七六)の統一法典として一三九五年に編纂された「経済六典」をはじめとして、その後も継続的に一八六五年の「大典会通」に至るまで数多くの統一法典が編集されたのであるが、その模範となったのは中国歴代王朝の政治体制と統治の手段である律令制度（唐律、明律等）であった。

権力分立の観念はなく、すべての官吏は、国王の部下、代官であり、裁判官と行政官の職分の区別もなく、裁判は一応獄訟（刑事裁判）と詞訟（民事訴訟）に区分されたが、統一された手続法を欠き、観察使、県監等の行政官吏がその裁量によって裁判を行ったのであった。

特に民事関係の実体法は、相続、不動産、奴婢、消費貸借については、今日のそれと比較しても劣らないほどの裁判の基準としての法規範が存在したが、それ以外は広範囲にわたる慣習法として存在した。

西欧の裁判制度は導入したものの、その裁判の基準とすべき実体法としての民商法、刑法等の法規範は未整備のままであった。まず法の中枢機関として裁判制度を導入し、後を継いでその裁判制度に照応する西欧の法を導入せざるを得なかったのであった。その結果裁判制度は、訴訟法にしろ実体法にしろ、歴史的伝統と風土に無縁な制度が根を下ろすことになったのである。

二　近代的司法制度成立の背景

東洋に西洋勢力の波が押し寄せてきたのは、一九世紀末から二〇世紀にかけてであった。一九世紀は西洋においては既に産業革命を経て、資本主義経済体制を固めたイギリス、フランス、アメリカ、ドイツ等が商品市場と原料供給地を確保するために軍艦を先立ててアジア各国を競って侵略して分割することに力を注いだ。その手段として、先ず通商を強要して、条約を結んだ。

当時、中国、日本、韓国等の極東諸国は封建制の状態が続き、鎖国文明によって外部の世界とは閉ざされていたのであった。一八五四年アメリカは、軍艦を率いて日本に貿易と交通を申し込み、強制的に門戸を開放せしめた。アメリカの後を追ってロシアやオランダ、イギリスが引き続いて日本にやって来て、日本を世界に開放する条約の批准を押し付け、日本はそれに屈服せざるを得なかった。

これらの事件に屈辱を感じた日本の指導者は、驚くべき精力と熱意を持って封建的門閥制度から近代的絶対君主制国家としての再編成をし、さし当たっては富国強兵を急ぎ、西欧諸国と同様に帝国主義国家に変貌し、あげくは日清戦争（一八九四―一八九五）で大陸に足場を固めて日露戦争（一九〇四―一九〇五）で勝利することによって、ロシアを満州と朝鮮から追い出してロシアの南進政策を阻止すると共に、アメリカ、イギリス等の列強の同意の下に朝鮮における独占的地位を固めた。結局はこれまでの西欧諸国に代わって日本のアジア侵略時代が到来したのであった。

朝鮮の近代的司法制度の導入は、上述したように一九世紀末頃日本の朝鮮に対する軍事的、経済的侵略の時期に行われたのであるから、日本の西欧的司法制度の導入と密接な関連を持つため、ここで一瞥することにする。

日本は西欧諸国に門戸を開放するに当たって、法律制度について西欧的基準に合致しない限り、国際関係において対等な関係が認められないことを切実に感じた。これが東洋的、日本的伝統と全く異なる西欧的法規範を西欧的司法機構も合わせて積極的に最短時日の間に総力を挙げて導入させたのであった。

日本とは対照的に朝鮮の指導者たちは、イギリス、ロシア、フランス、日本等が相次いで大砲を装備した軍艦を率いて脅迫的に貿易と交通とを申し込んだが、通商開化論を主張する開化派の切実な訴えよりも鎖国主義を主張する保守派の主張を受入れて開化開港よりもかえって復古的体制を強化した。日本はフランス（一八六六）とアメリカ（一八七一）の軍艦による朝鮮の強制的開港に失敗した後、一八七五年軍艦六隻と四〇〇余名の軍人を率いて朝鮮に鎖国政策を解いて開港を強制する条約（江華島条約）の締結に成功した。

＊　この江華島条約によって、釜山、仁川、元山の港を開港し、日本の朝鮮沿岸の自由な航海と沿岸測量の自由、その他港税、関税の無規制、雑穀の輸出、朝鮮の沿岸における漁業活動の自由等を獲得した。

一八八二年にはアメリカとも通商条約を結んだ。続いて西洋の諸国とも通商条約を結ぶに及んだ。朝鮮は強力な西洋文明の潮流に順応することを拒み、伝統的文明をあくまで固執してこれに反発することによって、当時の日本を含む帝国主義列強の競争的侵略の的となった。結局は日本帝国主義の領土拡大と利権の犠牲を呼ぶことになった。

三　一八九四（甲午）改革と裁判所構成法の制定

(1)　開化勢力と保守勢力の対立

一八七六年開港以後、西洋の近代文物と接触しながら形成された開化思想を持つ若き官僚たちは、清に依存する政府の政策に反対して、清からの完全独立を目標としながら、いち早く西欧の近代的国家体制を整え、西欧列強の水準に立つ完全に西洋化された国家になった日本に留学生を送ると共に、積極的に開化政策の推進を主張した。これに属する政治勢力（金玉均、朴泳孝、洪英植、徐光範等）を開化党（または独立党）と呼び、開化に反対する政治勢力を保守勢力（閔泳翊、金弘集、魯允中等）と呼んだ。

(2)　近代的君主制統治体制の樹立と司法改革

一八八四年に開化思想に基づく政治勢力である開化党（独立党）が五〇名の士官生徒と二〇〇名の日本帝国軍人の支援の下で近代的国民国家を指向する一四ヶ条の革新政綱を掲げ、クーデターによって新政府を組織し政権を掌握した（一八八四年甲申政変）。開化党が揚げた一四ヶ条の革新政綱によれば、清からの完全独立を目標とし、さらに従来の貴族中心の支配体制から近代国民国家を目指すものであった。この改革案は、結局実施されずに失敗に終わった。ソウルに駐屯していた清軍の出動によって数的に劣勢な日本軍が敗退したためである。

(3)　一八九四年日本は、軍隊を出動させて王宮（景福宮）を包囲して改革に反対する勢力（閔氏勢力）

を追い出した。中立的な人物と開化派（親日派と呼んだ）によって封建制度を撤廃して日本を真似た近代的絶対君主制国家の統治体制を樹立して、改革を推進させた（甲午改革）。

＊　一八九四年（甲午）改革は、当時の時代的、社会的発展に適応するものであることは確かであるが、日本帝国の強要によって開始され、朝鮮の近代化のためと言うよりは、日本帝国の侵略が容易に達成される方向に朝鮮の政治、経済、社会体制を変形させるのがその意図するところであったと歴史家は評価する。

一八九七年には国号を「大韓帝国」と称し、年号を「光武」とすると共に、国王を「皇帝」と称するようにした。

司法制度に関連する改革としては、司法権を行政機構から分離させ、裁判に関することは裁判所で独立的に扱うようにした（一八九五年三月二五日法律一号裁判所構成法）。新たに制定された司法制度は、一審裁判所として地方裁判所と開港裁判所を、二審裁判所として高等裁判所と巡回裁判所が設置された（二審制）。

＊　一八九五年の朝鮮における裁判所構成法の制定においてその模範となったのは、一八七七年のドイツ裁判所構成法をその範とした日本の一八八〇年（明治二三年法律六号）裁判所構成法である。もっとも日本の裁判所構成法においては、大審院、控訴院、地方裁判所及び区裁判所の四級三審制であったが、韓国においてはそれを簡素化した形で導入したのであった。

四　日本の統監府設置と大韓帝国の司法制度廃止

一八九五年日清戦争から一〇年経たぬ間に日本は、西洋化された強力な軍隊と艦隊をもってロシアとの戦争（日露戦争）に挑み（一九〇四―一九〇五）勝利を収めることによってロシアを満州と韓国から追い出して韓国全土にわたる軍事的要地を占領すると共に、アメリカ、イギリス等の列強の同意の下に韓国を日本の保護国にするための手順をとった。一九〇四年日本は、韓国に対する政治的、軍事的干渉を合理化するために、韓国政府は日本の推薦する財政顧問と外国人外交顧問を採用すると共に、重要政策については日本政府と協議する内容の協約（第一次韓日協約）を締結することによって、日本の顧問政治が施行されるようになった。

＊　この韓日議定書の協約によって、韓国とロシア間に締結された一切の条約は破棄され、日本は韓国に鉄道及び通信網敷設権・沿岸漁業航行権等の利権を獲得した。

一九〇五年日露戦争で勝利した日本は、韓国の外交権を剝奪すると同時に韓国の外交を掌握するために韓国皇帝の下に統監府を置く条約を強制的に締結した（第二次韓日協約）。一九〇六年に伊藤博文が統監になり、韓国の外交事務だけを管掌することになっていたにもかかわらず、実際にはすべての内政及び実質的には統治権が完全に統監によって左右され、大韓帝国の主権は完全に奪われたのと同様であった。

一九〇七年法律第八号によって裁判所構成法を改革して大審院、控訴院、地方裁判所、地方裁判所支部、区裁判所の四級三審制にした。

一九〇九年一〇月二一日には、統監府令第二八号統監府裁判所設置に関する件により大審院を高等法院に変更して、統監府裁判所は統監の直属にすること以外は従来の裁判所構成法規定をそのまま維持した。

五　韓日合併と日本の司法制度の施行

一九一〇年八月二二日には、韓国政府と日本政府は「韓日合併条約」を日本憲兵の警戒下で締結した。これによって韓国（大韓帝国）は滅亡し、日本の植民地として支配を受けることになった。以後韓国は日本政府によって朝鮮と称され、日本の一地方を意味することになった。日本政府は韓国を日本に併合した直後、一九一〇年八月二八日朝鮮総督府官制を公布した。総督は陸軍大将の中から任命され、天皇に直属し、日本内閣の統制をほとんど受けることなく委任された範囲で行政権、立法権、司法権、軍隊統帥権を行使する絶対権力者であった。

日本政府は、一九一一年（明治四四年）法律第三〇号「朝鮮に施行すべき法令に関する法律」を公布、施行して、植民地支配法制の基礎をつくった。この法律によれば、朝鮮において法律を必要とする事項は、朝鮮総督の命令によって日本民法、商法、民事訴訟法、刑法、刑事訴訟法等を「制令」の形式を取って施行した。この制令の中で代表的なものが、朝鮮民事令、朝鮮刑事令であった。このようにして実質的には朝鮮総督の命令、即ち制令によって日本の司法制度が韓国に施行された。

韓国の近代的訴訟制度は、一八九四年の改革による裁判所構成法の制定・公布並びに一九〇七年の裁判所構成法の改革と韓日合併後の一九一二年の朝鮮総督の命令による日本の民法、商法、民事訴訟法並びに刑法、刑事訴訟法等の施行によって導入された。

六　韓国独自の司法制度の成立

一九四五年第二次世界大戦後、朝鮮は北緯三八度線を境界として、北はロシア、南はアメリカによる軍政が実施された。一九四八年にアメリカの軍政が施行されていた地域では自由民主主義を理念とする民主共和国政府が樹立され、ロシアの軍政が実施された地域では共産主義または社会主義を理念とする民主人民共和国が樹立された。

アメリカの軍事政府下の南朝鮮においては、一九四八年韓国政府が樹立されるまでは法の空白状態を避けるためにアメリカ軍政法令二一号により以前と同様に日本の法律が借用された。

＊　ロシアの軍事政府の下での北朝鮮においては、一九四五年一〇月一〇日に北朝鮮共産党中央委員会が創立され、その主導の下で従来の法制は資本主義の法であるからその廃棄を立法的に確認し、過渡期的使用も排斥された。同年一一月一三日に司法局布告第四号「裁判所組織に関する件」に裁判所の構成及び管轄を規定した。

一九四八年に韓国政府樹立後、韓国の独自の法律が制定施行されるまでは、新憲法に接触しない範囲で従来通り日本の法律がその効力を持ち続けてきた。韓国政府樹立後、法院組織法（裁判所構成法）は、一九四九年九月二六日法律五一号により制定・公布され、大法院、高等法院、地方法院の三級三審制になった。

民事訴訟法の制定は、韓国政府樹立後一九四八年九月一五日大統領令第四号に基づき、法典編纂委員会によって、一九五〇年六月二五日から一九五三年七月二七日まで、韓国の南北戦争の渦中にあったにもかかわらず、独自の草案が作成され、一九五三年一月一三日国会に前後五回にわたって提出されたが、可決されず、結局一九五九年一二月二八日六回目に提出された草案が国会で可決され、一九六〇年四月に公布され同年七月一日より施行されることになった。

この法律の草案作成に携わった起草者は、主に日本で近代的な法学教育を受けて教授として学校で法学を教えるか、裁判官または弁護士として裁判に携わる面々であった。従って一九六〇年に制定された韓国民事訴訟法も、日本民事訴訟法を通じてドイツ民事訴訟法を受継いだと言える。

第二章　憲法裁判所制度

第一節　憲法裁判所の一般法院から分離独立

韓国憲法一〇一条一項には、「司法権は法官で構成される法院に属する」と規定するとともに、同憲法一一一条一項には、憲法裁判所の管掌する裁判事項を別途に規定している。この憲法一一一条の規定によって憲法裁判所の管掌する裁判事項に属する①違憲審判、②弾劾審判、③政党の解散審判、④権限争議審判、⑤違憲的公権力作用に対する憲法訴願審判は、司法の範囲に属さない。

＊　民主国家では国民の総意に基づく統治が行われるが、その総意とは結局表現された多数の意思に他ならない多数決の支配を意味することになる。どんな重要な事項でも多数決で決定し、また改定できることになる。

ところが、民主国家でも多数決の支配と個人の基本的権利の尊重との限界を確立し、その基本条件を憲法に定めて、その規定は通常の法律の制定・改定より比較的多数の厳格な議決によってのみ改変できるものとしている（硬性憲法）。

——民主主義と自由主義との調和——

現実の立法作用は、政党や圧力団体などの諸社会勢力の相互緊張関係や妥協などによって決定される場合があり得る。議会制定法の憲法適合性を議会から独立した国家機関に任せる必要がある。

韓国憲法では、ドイツ、フランスなどのヨーロッパ大陸諸国の立法例に倣って、憲法裁判所の管掌事項を政治作用、立法作用または第四の国家作用であると理解する立場から、違憲審査などの事項に対する裁判は、その性質上司法作用でないため、これを司法の範囲から分離して、独立した憲法裁判機関としての憲法裁判所の審判事項としたのである。

＊　政治作用説　　憲法裁判は、その本質上法律紛争（Rechtsstreitigkeiten）ではなく政治紛争（Politische Streitigkeiten）であるから司法作用でなく政治作用である。

＊　第四の国家作用説　　憲法裁判は立法、行政、司法などの統治権の行使が合憲法的に行われるよう統制する作用である。

＊　立法作用説　　憲法裁判は、憲法解釈を通じて、憲法の補完ないし形成的機能をすることによって憲法規範の内容を具体化する立法作用である。

＊　司法作用説　　アメリカや日本のように違憲審査などの事項に対する裁判も司法作用の一つであると解する立場では、議会制定法の憲法適合性も議会から独立した司法裁判所が審判するのは当然であるとする。

第二節　憲法裁判所の組織

憲法裁判所は、大統領、国会、大法院長が各三人ずつ推薦して、大統領が任命する九人の裁判官で構成される。憲法裁判所の長は、裁判官の中から大統領が国会の同意を得て任命する。憲法によると法官の資格を持つものに限って憲法裁判所の裁判官になることができる。裁判官の任期は六年であるが、連任が可能である。

第三節　憲法裁判の類型

一　法律に対する違憲審査

(a)　具体的規範審査　法律が憲法に違反するか否かが裁判の前提になっている場合には、各級法院は職権または訴訟当事者の申立によってその法律が違憲か否かを審査することができる。

(b)　法院の違憲審査　各級法院は、法律の違憲審査で違憲の要素を発見できなかった場合は合憲決定をして、その法律を裁判の基準とすることができる。この場合、その法律違憲審査を申立てた訴訟当事者はその法院の合憲決定に対して抗告することはできないが、憲法裁判所に憲法訴願審判を申立てることができる。

(c)　憲法裁判所への申立て　各級法院は審査の結果、憲法に違反すると判断した場合は、自ら違憲決定をすることができず、憲法裁判所に申立てて、その決定に従わなければならない。その決定が行われるまで当該事件の裁判を停止させる効力がある。

(d)　憲法裁判所の審判　法律の違憲決定をする場合、憲法裁判官六人以上が賛成しなければならない。憲法裁判所で違憲審判をする場合、訴訟当事者及び法務部長官は、法律の違憲か否かについて意見書を提出することができる。違憲法律の審判は書面審理による。但し、裁判部が必要であると認める場合、口頭弁論を開いて、当事者、利害関係者その他の参考人の意見を聞くことができる。

(e)　法律に対する違憲審査の効力　憲法裁判所が違憲決定をした法律または法律の条項は、その決定があった日から効力を喪失するが(exnune 効力)、刑罰に関する条項は遡及無効となる(extune 効力)。その結果、違憲決定がなされた法律によって、有罪の確定判決に対しては、刑事訴訟法上再審請求が可能になる。訴訟当事者が法院の合憲決定を不服として憲法裁判所に憲法訴願(請)を申立てて、憲法裁判所においてそれが認容され、法院の裁判の前提となっていた法律が憲法裁判所の違憲決定によってその効力を喪失した場合、当該憲法訴願と関連する訴訟事件が既に確定された場合は、当事者は再審を請求することができる(憲法裁判所法七五条七項)。法律の違憲決定は法院その他国家機関や地方自治団体を拘束する。

二　弾劾裁判

現行憲法では、国会が弾劾を発議して憲法裁判所が弾劾審判をする。弾劾対象は、大統領、国務総理、裁判官など法律が定める高位職公務員の職務執行における憲法と法律違反である。

弾劾訴追は、国会在籍議員の三分の一以上の発議と国会在籍委員過半数の賛成で議決する。但し、大統領の場合は、国会在籍議員過半数の発議と三分の二以上の賛成を要する。憲法裁判所は口頭弁論を経て、裁判官六人（三分の二）以上の賛成で弾劾の決定をする。

弾劾決定によってその公職者は罷免される。罷免によって民事上、刑事上の責任が免除されるのではない。一九八五年新民党国会議員一〇二名が発議した兪泰興大法院長に対する弾劾訴追決議案が国会に提出されたが、結局否決された。

三　違憲政党の解散

政党の目的または活動が、民主的基本秩序に違反する場合、政府は憲法裁判所にその解散を提訴することができる。

憲法裁判所は、口頭弁論を経て、裁判官六人（三分の二）以上の賛成によって解散決定をする。解散決定によって当該政党は解散し、中央選挙管理委員会が政党法の規定によってこれを執行する。

四　権限争議

国家機関相互間、国家機関と地方自治団体間及び地方自治団体相互間にその憲法的権限と義務の範囲と内容に関して争いが生じた場合、当該国家機関または地方自治団体が憲法裁判所に権限審判請求をすることによって、口頭弁論により審判を行う。

＊　国家機関相互間　　国会、政府、法院及び中央選挙管理委員会相互間の権限争議
＊　国家機関と地方自治団体間　　政府と特別市、広域市、道、市、郡、区間の権限争議
＊　地方自治団体間　　特別市、広域市、道と市、郡、区相互間の権限争議

憲法裁判所は、裁判官七人以上の出席と出席裁判官の過半数の賛成によって決定する。憲法裁判所の権限争議決定に対しては、関係国家機関または地方自治団体はその処分や不作為を是正しなければならない。なお他の国家機関や地方自治団体も憲法裁判所の決定を尊重しなければならない。

五　憲法訴願（請）

(a)　憲法訴願制度　　公権力（立法、行政、司法）の濫用または不行使によって憲法上保障されている基本権の侵害を受けた者が、憲法裁判所に提訴して侵害された基本権と、侵害の原因になった公権力の行使または不行使を取消すかまたはその不行使が違憲であることを確認することができ

る。

(b)　憲法訴願の対象　違憲法律、違憲的行政処分、違憲的司法作用などすべての違憲的公権力行使が憲法訴願の対象になる。

＊　違憲法律　前述の通り、具体的規範統制に限るのが原則である。但し、違憲法律の執行ないし適用を待たなくても、違憲法律自体が特定者の基本権を直接または現実的に侵害する場合は、憲法訴願の対象になる。

＊　違憲的行政処分　先ず行政訴訟の対象になるので、憲法訴願の対象になるのは、検事の不起訴処分のように通常の場合争う方法がない例外的な場合に限る。

＊　違憲的司法作用　法院の裁判は、原則的に憲法訴願の対象にならない。但し、法理的観点から憲法の解釈を誤るか憲法精神に反する法院の判決または決定は、憲法訴願の対象とするべきである。

(c)　供託金納付命令と事前審査制度　憲法訴願の濫用による憲法裁判所の負担軽減のために二つの予防措置を行っている。

＊　供託金納入制度　憲法訴願審判請求人に対して、憲法裁判所規則で定める供託金の納付を命ずることができる。憲法訴願が却下または棄却された際、その審判請求が権利濫用であると認められる場合、供託金の全部または一部を国庫に帰属させることができる。

＊　事前審査制度　憲法裁判所長は、裁判官三人で構成される指定裁判部を設置して、憲法訴願審判の事前審査を担当させることができる。指定裁判部においては、憲法訴願請求がその対象、請求機関、請

求方式など形式要件の瑕疵があるか、その内容において不適法であり、重大な欠陥がある場合、裁判官三人の全員一致会議によって憲法訴願の審判請求を却下する決定をする。指定裁判部が却下決定をしない場合または憲法訴願審判請求後三〇日が経過するまで却下決定をしない場合には、憲法訴願を審判に回付する決定をしなければならない。

(d)　審判手続　憲法訴願に関する審判は、書面審理で行う。但し、裁判部が必要であると認める場合は、弁論期日を定めて、当事者、利害関係者その他参考人の陳述を聞くことができる。

(e)　憲法訴願の違憲決定とその効力　憲法訴願に対する認容決定をするためには、憲法裁判官六人(三分の二)以上の賛成を要する。憲法訴願を認容する判決の主文には、侵害された基本権と侵害の原因になっている公権力の行使または不行使を特定し、基本権侵害の原因になっている公権力の行使を取消すか、またその不行使が違憲であることを確認することができる。また憲法裁判所は、公権力の行使または不行使が違憲法律または法律の条項に起因したと認める場合、当該法律または法律の条項が違憲であることを認容決定の主文で宣告することができる。法律の違憲が宣告された場合、具体的規範統制において上述した効力が発生する。

第四節　憲法裁判所の現況

韓国は一九四八年政府樹立後、第一共和国(一九四八―一九六〇・李承晩の自由党政権)、第二共和国(一

表１　憲法裁判現況

（単位：件）

年度	区分	受付（新旧数）	処理 認容（違憲）	憲法不一致	限定合致	棄却	却下	取下	民願	小計	係属中（審判回付）
1988	計	47					8	5	8	21	26
	違憲法律	13									13
	憲法訴願	34					8	5	8	21	13
1989	計	501	11	1	1	21	181	92	73	380	121
	違憲法律	142	6	1		3	15	83		108	34
	憲法訴願	359	5		1	18	166	9	73	272	87
1990	計	429	13		3	53	116	12	70	267	162
	違憲法律	71	7		3	1				11	60
	憲法訴願	357	6			52	116	12	70	256	101
	権限争議	1									1
1991	計	598	10	1		155	125	13	26	330	268
	違憲法律	116	3			96		5		104	12
	憲法訴願	481	7	1		59	125	8	26	226	255
	権限争議	1									1
1992	計	664	22		3	123	149	27	8	332	332
	違憲法律	36	7		2	2		2		13	23
	憲法訴願	626	15		1	121	149	25	8	319	307
	権限争議	2									2
1993	計	722	16	1		103	188	24	8	340	382
	違憲法律	40	3			2		1		6	34
	憲法訴願	680	13	1		101	188	23	8	334	346
	権限争議	2									2
1994	計	722	12	2	1	107	138	24		284	438
	違憲法律	44	7		1	13				21	23
	憲法訴願	675	5	2		94	138	23		262	413
	権限争議	3						1		1	2
1995	計	929	28	14		221	228	23		514	415
	違憲法律	40	5	4		5		4		18	22
	憲法訴願	887	23	10		216	227	19		495	392
	権限争議	2					1			1	1
1996	計	967	20		1	211	243			475	492
	違憲法律	45	5		1	11	242			18	27
	憲法訴願	919	15			200	1			457	462
	権限争議	3									3

法務年鑑1997、283頁

九六〇―一九六一・四月革命による張勉内閣の民主党政権)、第三共和国(一九六一―一九七二・朴正熙の軍事革命による民主共和党政権)、第四共和国(一九七二―一九八〇・朴正熙の三選改憲と維新体制による共和党政権)、第五共和国(一九八〇―一九八八・全斗煥の民政党政権)、第六共和国(一九八八―一九九三・盧泰愚の民主党政権)、第七共和国(一九九三―一九九八・金泳三の新韓国党政権)、第八共和国(一九九八―金大中の国民会議・金鍾泌の自民連の共同政権)を通じて、第三共和国時代に大法院を中心とする一般法院に憲法裁判機能を任せた例外を除外すると、すべて一般法院とは別個の独立機関を設置して憲法裁判の機能を任せた。即ち、第一、第四、第五共和国においては憲法委員会に、第六共和国以降は憲法裁判所に憲法裁判機能を任せた。第六共和国以降の憲法裁判の現況は**表1**の通りである。

第三章　韓国の現行裁判制度

韓国憲法における現行裁判制度は、民主法治国家における司法の特色を持ったものであることは当然である。民主国家における司法の一般的特徴は、具体的事件に法規を適用してある事項が適法であるか違法であるかを判断するか、または法的関係の有無を判断する作用を立法機関や行政機関から独立した専門機関である裁判機関に任せることである。

韓国憲法が特にその第六章に憲法裁判所の管掌する裁判事項及びその構成を、司法機関である一般裁判所とは別途に定めることによって、憲法裁判所の裁判事項は司法権の範囲から外れていることは上述した。

第一節　裁判権（司法権）の種類

裁判権は個別的にはその機能によって民事裁判権（さらに訴訟裁判権と非訟裁判権とに区分される）、行政裁判権及び刑事裁判権に分類される。

一　民事裁判権

対等な私人間の生活関係上の紛争、利害の衝突を解決、調整する権能である。通常の民事裁判権は、民事訴訟手続によって行使するのであるが、特定の専門領域に属する事件を扱う特別な手続としては次のようなものがある。

(1)　家事訴訟手続　　家庭内や親族間の紛争を通常の訴訟事件と区別して、これを専門に扱う特別手続である。家事訴訟手続においては、司法的機能のほか、人間関係諸科学の力を借りて家庭の平和と健全な親族共同生活の維持を図ることを目的とする。

(2)　特許訴訟手続　　従来の特許訴訟手続は、特許出願者の拒絶査定または審判の審決があった後にそれを不服とする場合は、特許庁抗告審判所における抗告審判を経た後はじめて大法院に上告する方式を採っていた。特に特許訴訟においては、法律問題に限って大法院の単審制だけを認めていた。一九九八年三月二日から施行された改正法院組織法においては、特許庁抗告審判所を廃止して大法院の下級法院として高等法院級の特許法院を設置し、特許庁の拒絶査定または審判の審決を不服とする場合には特許法院に抗告審判を請求できるようにすることで、特許事件の事実問題に関しても法院の判断を受けるように特許訴訟の審級構造を改正した。この改正によって法律問題だけをそれも大法院の単審だけを認めることによる特別審判制度の違憲の素地をなくした。

＊　特許訴訟においては、技術判事制度は導入せず、技術審理官制度を採った。技術審理官は、特許法院の決定及び裁判長の許可を得て技術的事項に関する審理に参与して、訴訟関係人に質問することができ、裁判の合議において意見を陳述することができる。

(3)　簡易訴訟手続（督促手続）　金銭その他の代替物または有価証券の一定数量の給付請求について債権者の一方的申立てに基づき債務者を審問しないで一方的書面審理によって支払命令を発し、債務者がこれに対して異議を申立てない場合、支払命令に形式的確定力及び執行力を付与する給付訴訟の代用手続である。もっとも債務者の異議の申立てがあると通常の訴訟手続きに移行して審判される。

(4)　仲裁手続

(5)　民事調停手続

(6)　民事保全手続
(7)　公示催告手続
(8)　少額事件審判手続

＊　特色

・少額事件の範囲、訴価二、〇〇〇万ウォン
・訴提起の簡易化　①訴状、②口述提訴、③双方任意出席
・訴訟代理　配偶者、直系血族、兄弟姉妹または戸主は法院の許可なしに可能
・弁論の徹底した準備と迅速化
・公休日、夜間の開廷、職場勤労者
・弁論終結後即時判決宣告
・判決理由省略
・上告及び再抗告制限

二　行政裁判権

行政裁判権は、あらゆる行政処分に対してこれによって自己の利益を害される者は行政法院に出訴することができ、これに関する争訟を裁判する権能である。

法治国家においては、国家の行政権の行使も国民の基本的権利や自由を侵害する恐れがある場合は、

予め法律によって定められた要件、限度によらなければならないため、法律による行政の原則が生じる。

行政官庁の行政権の行使が適法か否かの争いが国民と行政官庁間または行政官庁相互間に発生した場合に、法院にその裁判を行う権能を認めるかどうかについては、立法例が分かれる。英米式は前者を採り、独仏の大陸系は後者を採っている。

法治国の理想を徹底するためには、いやしくも法律の支配を受ける事項であれば、行政権の行使もその適法性をめぐる争訟については、司法権の判断に服させるべきである。行政訴訟には、抗告訴訟が最も一般的であるが、抗告訴訟のほかにも当事者訴訟、民衆訴訟、機関訴訟等がある。

＊　弁論の徹底した準備と迅速化

(イ)　訴えの提起があると遅滞なく弁論期日を定めなければならない。

(ロ)　訴状の副本と提訴調書は、遅滞なく被告に送達しなければならない。被告は送達を受けた日から一〇日以内に原告の主張に対する答弁・証拠方法及びその立証趣旨を明示した答弁書提出を命じなければならない。この提出命令に違反する場合一三条による失権の制裁と九一条による訴訟費用の負担の警告と応訴を欲しない場合には、答弁書等を提出しなくても妨げないことを被告に対する準備命令書に記載すべきである。

(ハ)　原告に対する最初の期日召喚状による準備命令

(i)　最初の期日に必要な全ての証拠方法を提出することができるよう事前準備すること

(ii)　最初の期日前にも証拠申立が可能であること
(iii)　書証提出時、その寫本を添えること
(iv)　証人訊問申立時、訊問事項の要領を記載した書面を提出すること
(ニ)　期日前の証拠申請の促求
(ホ)　期日の変更または弁論の続行は前回期日から一五日以内にすること

三　刑事裁判権

犯罪を犯した刑事被告人に対する検察官の控訴に基づく刑罰請求権を審判する権能である。法治国家においては、国家が国民に対して刑罰を科する場合には、人権保障の要求から公開裁判が要求される。

＊　法治国家においては犯罪を捜査し、科刑を請求する訴追機関とその当否を審判する裁判所を区別し、被告人を審理の客体としての地位から国家検察官とできるだけ対等に対立する訴訟主体としてその地位を保つ権利を認めることを意味する。

＊　略式手続　地方裁判所に対してその管轄に属する罰金科料または没収を科する事件について検事の請求がある場合、公判を開かずに書面審理によって略式命令で刑を科する手続である。略式命令に対しては告知後七日以内に検事または被告人は正式裁判の請求ができる。

第二節　法院（裁判所）制度

一　法院の種類

法院組織法三条一項により法院の種類は、一　大法院、二　高等法院、三　特許法院、四　地方法院、五　家庭法院、六　行政法院の六種がある。

このほかにも軍事裁判を管轄する特別法院として軍事法院がある。

＊　地方法院及び家庭法院の事務の一部を処理するために管轄区域内に支院と少年支院、市法院または郡法院及び登記所を置くことができる。

＊　特許法院、行政法院に関する事項は、一九九八年三月一日から施行された。

二　審級制度

同一の事件を階級の異なる法院で反復して審判を受けることができるようにすることによって裁判の適正と法令解釈の統一を図る審級制度としては、三審制を原則としている。

(a)　第一審は地方法院及び同支院の単独判事と合議部が管轄する。単独判事と合議部の訴訟事件分担は、法院組織法三二条一項及び四〇条と大法院規則で訴訟事件の軽重によってその管轄を定める。これを事物管理という。

＊　合議部の事物管轄

・合議部で審判することを合議部が決定した事件
・民事事件については大法院規則が定める事件
・刑事事件については死刑、無期または短期一年以上の懲役または禁錮に該当する事件

＊　民事事件の単独判事の事物管轄

・訴価五、〇〇〇万ウォン以下の小切手、手形金請求事件、督促事件、提訴前和解事件、執行保全事件、証拠保全事件、民事調停事件、裁定単独事件

訴価による事件分担は、管轄合意、応訴管轄、移送の裁判によって変更されることがある。

＊　刑事事件の単独判事の事物管轄

・上述した合議部で管轄する事件を除外した事件

＊　市、郡法院の民事事件と家事事件及び刑事事件の事物管轄

・少額事件審判法の適用を受ける民事事件（訴価二、〇〇〇万ウォン以下）
・和解、督促及び調停に関する事件
二〇万ウォン以下の罰金または拘留、科料に処する犯罪事件
・戸籍法七九条ノ二の意味の協議上離婚の確認事件

(b)　第二審は地方法院本院合議部及び家庭法院合議部と高等法院が管轄する。

＊　地方法院単独判事と合議部及び家庭法院単独判事と合議部が第一審法院になっている関係上、地方法院単独判事と家庭法院単独判事が第一審法院である場合には、地方法院本院合議と家庭法院本院合議が

各々第二審法院になる。

＊　地方法院合議部と家庭法院合議部または行政法院合議部が、第一審法院である場合には、高等法院が第二審法院になる。他の法律によって高等法院の権限に属する事件を審判する。

(c)　第三審は大法院が管轄する。地方法院本院合議部と家庭法院本院合議部が第二審である場合と高等法院が第二審である場合に大法院が第三審法院になる。なお大法院は、特許法院、軍事法院の裁判に対する上告審になる。

＊　大法院は、

①　高等法院または控訴法院、特許法院の判決に対する上告事件

②　抗告法院、高等法院または控訴法院、特許法院の決定、命令に対する再抗告事件

③　他の法律によって大法院の権限に属する事件を終審として審判する（法院組織法一四条）

三　法院の組織と権限

(イ)　大法院

(a)　構成　大法院長を含めて一四人の大法官で構成される。大法院は首都ソウルにただ一つある。

(b)　審判権　大法院の審判権は大法官全員の三分の二以上の合議体で行い、大法院長が裁判長になる。

但し、大法官三人以上で構成される部（現在四人の大法官で構成される三つの部がある。大法官の

中、法院行政処長に任命された一人は裁判に関与しない）で先ず事件を審理して、意見が一致した場合に限って、次の場合を例外としてその部で裁判を行うことができる。

(i) 命令または規則が憲法違反であることを認める場合

(ii) 命令または規則が法律違反であることを認める場合

(iii) 従前の大法院で判示した憲法、法律、命令または規則の解釈適用に関する意見を変更する必要があると認める場合

(iv) 部で裁判することが適当でないと認める場合

＊ 大法院には大法院長の命令を受けて大法院における事件の審理及び裁判に関する調査、研究業務を担当する裁判研究官がいる。裁判研究官は、判事の中から任命される（法院組織法二四条）。

(c) 司法行政事務　大法院長がこれを総括し、司法行政事務に関して関係公務員を指揮、監督する。

(d) 規則制定権　大法院は司法権行使につき最終責任を負う機関として、訴訟手続、法院の内部規律と事務処理については、法律に抵触しない範囲において規則を制定することができる。

(ロ) 高等法院

(a) 構成　高等法院長と各部の部長判事及び判事で構成される（法院組織法二六条、二七条）。高等法院は現在ソウル、大田、大邱、釜山、光州の五ヶ所の都市に置かれ、いずれもその都市名を冠

表２　高等法院判事定員数表

高等法院名	高等法院長	高等法院部長判事	高等法院判事	計
ソウル高等法院	1	49	98	148
大田高等法院	1	7	12	20
大邱高等法院	1	8	16	25
釜山高等法院	1	13	22	36
光州高等法院	1	7	14	22

している（表２）。

(b)　審判権　高等法院の審判権は判事三人で構成される合議部で行われ、そのような部は民事部、刑事部及び特別部を置き、部には部長判事を置く。

＊　大法院長は裁判業務遂行の必要上、高等法院の部にその管轄区域内の地方法院所在地で事務処理をさせることができる（法院組織法二六条四項）。この規定によって光州高等法院済州部が設置された。

(c)　司法行政事務　高等法院長はその法院の司法行政事務につき所属公務員を指揮、監督する。

(ハ)　特許法院

(a)　構成　特許法院は特許法院長と各部の部長判事及び二名の判事で構成される（法院組織法二八条ノ二、二八条ノ三）。特許法院の庁舎は臨時的にソウルの高等法院庁舎の一部を使用し、二〇〇〇年に特許庁が位置する大田に移転した。

＊　特許訴訟においては技術判事制度は導入せず、技術審理官制を採った。

(b)　裁判権　特許、実用新案、意匠及び商標に関する特許庁の審決または出願者の拒絶査定を審判する（法院組織法二八条ノ四）。

＊　一九九八年三月一日より大法院傘下に高等法院級の特許法院を設置して特許訴訟の審級構造を改善して法院における事実審裁判を行うことにした。

特許の分野が特許、実用新案、意匠、商標などの専門的領域であるため、特許法院が設立される以前は、法官でない知的財産権に関する専門家に審判権を任せて大法院が法適用の当否だけを最終的に判断するようにした。このような従来の制度は、事実審に法官が排除されている点で違憲の素地があるとの指摘を免れることができなかった。

特許法院の新設によって、特許庁の審決を不服とする場合に従来特許庁抗告審判所が行った事実審を高等法院級の特許法院が管轄し、特許法院の判決に不服な場合は大法院に上告できるようにすることによって違憲の素地をなくした。

特許法院は、特許訴訟の専門性を考慮して特許庁四〜五級公務員九名を派遣して「技術審理官」の資格で裁判に参加させることにした。技術審理官は裁判長の許可を得て訴訟当事者に質問し、さらに合議の際意見を提示することはできるが、評決権はない。

(二)　地方法院

(a)　構成　　地方法院は地方法院、地方法院支院、少年部支院、市法院または郡法院及び登記所で構成される（法院組織法三条一項、二項、三〇条一項）。

(i) 地方法院は院長と部長及び判事によって構成される。

＊ 地方法院はソウル、仁川、春川、大田、清州、大邱、釜山、昌原、光州、全州、済州の一一ヶ所の都市に置かれ、いずれもこの都市名を冠している。

(ii) 地方法院支院と少年部支院は地方法院の管轄区域を分割して地方法院支院と少年部支院を置き、支院長と部長及び判事で構成される（表3）。

(iii) 従来は、地方法院または地方法院支院が置かれていない地方の市または郡に巡回審判所が設置され、事実上毎月一回程度に開廷されていた。改正法院組織法では、従来の巡回審判所を簡易法院としての市、郡法院に再編成して判事を駐在させて事件を処理することにした。

＊ 大法院長は地方法院または支院所属判事の中からその管轄区域内に位置する市、郡法院の判事を指名して市・郡法院の管轄事件を審判させることができる。この場合一人の判事を二以上の市・郡法院の判事に指名することができる（法院組織法三三条一項）。現在、全国巡回法院の数は一〇九ヶ所であるが、市・郡法院として簡易法院に常設されるのは次の順である。

・管轄地域の人口数が一〇万以上で少額事件が四〇〇件以上に予想される二九ヶ所を第一次対象にする。

・この地域の他にも人口数八万以上で少額事件が四〇〇件に予想される七ヶ所を第二次対象とする。

表３　地方法院と地方法院支院及び少年部支院の判事定員数表

（1996．12．31）

法院別＼職位	地方法院及び家庭法院長	部が設置される支院の支院長	地方法院家庭法院部長判事	支院長	地方法院家庭法院判事	計
ソウル地方法院	1		46		155	202
ソウル家庭法院	1		5		18	24
＊東部支院		1	8		32	41
＊南部支院		1	8		37	46
＊北部支院		1	6		27	34
＊西部支院		1	7		24	32
＊議政府支院		1	6		28	35
仁川地方法院	1		11		44	56
＊富川支院		1	3		10	14
水原地方法院	1		12		53	66
＊城南支院		1	3		12	16
驪州支院		1			5	6
平澤支院		1	1		4	6
春川地方法院	1		3		9	13
江陵支院		1	1		7	9
原州支院		1			3	4
束草支院		1			2	3
寧越支院		1			4	5
大田地方法院	1		9		31	41
洪城支院		1			7	8
○公州支院				1	1	2
江景支院		1			4	5
瑞山支院		1			6	7
天安支院		1	1		6	8
清州地方法院	1		6		15	22
忠州支院		1			4	5
堤川支院		1			2	3

○永同支院				1	1	2
大邱地方法院	1		14		55	70
安東支院		1			4	5
慶州支院		1	1		11	13
金泉支院		1			5	6
尚州支院		1			2	3
○義城支院				1	1	2
○盈徳支院				1	1	2
○少年部支院				1		1
釜山地方法院	1		16		64	81
*東部支院		1	3		15	19
*蔚山支院		1	4		16	21
○少年部支院				1		1
昌原地方法院	1		8		28	37
晋州支院		1	1		9	11
統営支院		1			5	6
密陽支院		1			2	3
○居昌支院				1	1	2
光州地方法院	1		9		34	44
木浦支院		1			7	8
長興支院		1			2	3
*順天支院		1	1		13	15
海南支院		1			3	4
○少年部支院				1		1
全州地方法院	1		6		19	26
群山支院		1	1		10	12
井邑支院		1			4	5
○南原支院				1	1	2
済州地方法院	1		2		11	14
総計	13	34	202	9	874	1,132

表４

ソウル家庭法院	家庭法院長 1 部長判事 2 判事 16 （計 19）	家事抗訴部	1	2	家事合議で兼務
		家事抗告部	1	2	家事合議で兼務
		少年抗告部	1	2	家事合議で兼務
		戸籍抗告部	1	2	家事合議で兼務
		家事合議部	3	6	家事非訟合議事件　兼務
		家事単独		5	家事非訟単独事件　兼務
		家事非訟単独		6	家事単独判事５兼務
		家事調停委員会	1	2	合議部部長と家事１・６単独判事が兼務
		調停担当判事		6	家事単独判事が兼務
		少年審判		3	

・人口一〇万以上の七ヶ所を第三次対象にする。

(b)　審判権　地方法院及び地方法院支院の合議部と単独判事間の審判権は上述事物管轄と市・郡法院の事物管轄参照。

(c)　司法行政事務　地方法院長は当該地方法院、管下地方法院支院、市・郡法院及び登記所の司法行政事務を管掌し、所属公務員を指揮、監督する（法院組織法二九条三項）。

㈭　家庭法院

(a)　構成　家庭法院は家庭法院長、各部の部長判事及び判事と調停委員会によって構成される（**表４**）。

＊　調停委員会は調停長一人と調停人二人以上で組織され、調停長または調停担当判事は、家庭法院長、支院長がその法院の判事の中から指定する（法院組織法三七条、家事訴訟法五三条一項）。調停委員は学識と徳望のある人を毎年前もって家庭法院または家庭法院支院長が委託した者または当事者の合意によって選出した者の中から各事件において調停長が指定する（家訴五三条二項）。

＊　家庭法院は家庭事件の判決、審判及び調停と少年保護事件の

表5　家事訴訟事件　(1)　イ類　(2)　ロ類　(3)　ハ類

(1)　イ類事件	(2)　ロ類事件	(3)　ハ類事件
1．婚姻の無効 2．離婚の無効 3．認知の無効 4．親生者関係存否確認 5．入養の無効 6．罷養の無効 7．戸主継承の無効または回復	1．事実上婚姻関係存否確認 2．婚姻の取消 3．離婚の取消 4．裁判上離婚 5．父親の決定 6．親生否認 7．認知の取消 8．認知に関する異議 9．認知請求 10．入養の取消 11．罷養の取消 12．裁判上罷養	1．婚約解消または事実婚関係不当破棄による損害賠償請求（第3者に対する請求を含む）及び原状回復の請求 2．婚姻の無効・解消、離婚の無効・取消または離婚を原因とする損害賠償請求（第3者に対する請求を含む）及び原状回復の請求 3．入養の無効・取消、罷養の無効・取消または罷養を原因とする損害賠償請求（第3者に対する請求を含む）及び原状回復の請求

審判を行う地方法院と同格の法院であるが、現在では首都ソウルに一ヶ所の家庭法院と大邱、釜山、光州地方法院が各々設けている三つの少年部支院があるだけであり、その他の各地方法院と地方法院支院では、家庭抗告部、家事合議部、家事単独部及び少年審判部を設け、これらの家事事件をまかなっている。

(b)　審判権　家事訴訟手続では、従来の人事訴訟事件として扱われた裁判上離婚、婚姻の無効・取消し、離婚の無効・取消し、子の認知、入養の無効・取消し等（家事訴訟法二条家事訴訟事件）に限らず、民法に規定されている限定禁治産宣言とその取消し（民法九条、一一条）や夫婦の同居、扶養または生活費の負担に関する処分（民法八二六条、八三三条）等の家事非訟事件（家事訴訟法二条家事非訟事件）と上記の家事訴訟事件中(ロ)類と(ハ)類に分類された事件を先ず家庭法院に調停を申立てなければならない。調停を不服とする異議の申立てによって訴訟に移行する（表5）。

(c)　司法行政事務　家庭法院長は当該家庭法院及び管下支院の司法行政事務を管掌し、当該家庭法院及び管下公務員を指揮、監督する（法院組織法三七条）。

(ヘ)　行政法院

(a)　構成　行政法院は行政法院長、各部の部長及び判事によって構成される（法院組織法四〇条ノ二、四〇条ノ三）。

(b)　審判権　行政法院は行政訴訟法に定める行政事件と他の法律によって行政法院の権限に属する事件を第一審として裁判する（法院組織法四〇条ノ四）。

(c)　司法行政事務　行政法院長は行政法院の司法行政事務を管掌し、所属公務員を指揮、監督する（法院組織法四〇条ノ二、第三）。

＊　行政法院に関する事項は、一九九八年三月一日より施行された。

①　従来までは行政庁の処分または不作為に関して争いが生じた場合、先ず行政権に属する機関の審判を申立てて、その判決を不服とする場合、高等法院に抗告訴訟を提起することができた。従って行政訴訟の第一審は高等法院であり、高等法院の裁判を不服とする場合、大法院に上告することができる二審制であった。

② 従来の行政事件の審級構造に対しては次の批判があった。

(i) 行政審判前置主義に対しては、裁判機関が同じ行政権に属する直近上級行政機関であるので、第三者としての公正性に問題がある。従って行政審判を司法手続と同様な実質的権利救済手続としての第一審と見なすことは無理である。

(ii) 行政訴訟の二審級構造は現代国家における公法と私法の融合傾向に反するだけでなく、行政作用に対する法的統制と個人の権益保護強化の要請に応える司法国家主義の理念に反する。

(iii) 高等法院が五ヶ所しか設置されていないので、国民の行政法院への接近が困難である。

③ 行政事件の審級構造の改善

(i) 原則的に行政審判前置主義を廃止して、先ず行政審判を提起するか、直接行政訴訟を提起するかは当事者の自由な選択に任される。但し、公務員に対する懲戒または不利益処分、各種税法上の課税処分、中央労働委員会、中央土地収用委員会の決定など各個別法に行政審判を経るように規定してある場合には例外とする。

(ii) 先ずソウルに五ヶ所の合議部で構成される行政法院を新設して、全ての行政訴訟の第一審事件を管掌し、地方では地方法院に行政事件部を新設する。

第三節　法　官

一　法官の任用

現行制度は法官の任用について公選制を採らず任命制によっている。

(1)　大法院長は国会の同意を得て大統領が任命する。

(2)　大法官は大法院長の提請により国会の同意を得て大統領が任命する。

(3)　判事は大法官会議の同意を得て大法院長が任命する。

二　任用資格

(1)　大法院長と大法官は、判事、検事、弁護士または弁護士の資格を有する者で国家機関の法律に関する事務に従事した者と大学の法律学助教授以上の職にあった者の中から四〇歳以上の者を任用する。

(2)　法官（判事）は司法試験に合格して司法研修所の所定課程を終えた者または弁護士の資格のある者を任用する。

(3)　予備判事は判事を新規任用する場合、二年間予備判事に任命してその勤務成績を参酌して判事に任命する。弁護士の資格を有する者で二年以上の法律に関する事務に従事した者と大学の法律学助教授以上の職にあった者に対しては、予備判事任用を免除するかその期間を短縮することができる。

三　職務権限の制限

在職期間七年未満の判事は、少額民事事件、二〇万ウォン以下の罰金、拘留または科料に処する犯罪事件を除いて、単独で裁判することはできない。

四　補　職

(1) 判事及び予備判事の補職は大法院長が行う。

(2) 司法研修院長、高等法院長、特許法院長、法院行政次長、地方法院長、家庭法院長、行政法院長と高等法院及び特許法院の部長判事は、一〇年以上の法曹経験のある者の中から補職する。

五　任期と停年

(1) 大法院長の任期は六年であり重任することはできない。

(2) 大法官及び判事任期は一〇年であり、連任することができる。

(3) 大法院長の停年は七〇歳、大法官の停年は六五歳、法官（判事）の停年は六三歳である。

表６

職　　級	定　員	現　員	過不足
大法院長	1	1	
大法官	12	12	
裁判研究官	51	46	−5
高等法院長	5	5	
高法部長判事	84	74	−10
高法判事	162	137	−25
地方法院長	13	13	
地法合議支部長	34	29	−5
地法部長判事	202	155	−47
地法支院長	9	6	−3
地方判事	874	814	−60
小　計	1,447	1,292	−155
行政処長	1	1	
行政処次長	1	1	

六　身分保障

法官は弾劾決定、禁錮以上の刑の宣告によらなければ罷免されない。なお法官懲戒委員会の懲戒処分によらなければ停職または不利な処分を受けない。

七　定員と欠員

一九九六年一二月三一日現在、法官の定員及び欠員は**表６**の通りである。

第四節　事件の統計

一　事件の概要

(1)　法院の管掌する事件を統計分析する便宜上、訴訟事件と非訟事件に分類して、訴訟事件は民事事件、家事事件、行政・選挙、少年保護事件に、非訟事件は登記事件、戸籍事件、供託事件に再び分類する。

(2) 事件の分類方法はまず全体事件の概要、人口と事件の対比、法官の業務量、事件動向と推移を見ることにする。

二　全体事件の概況

(1) 一九九六年度全国法院の新受事件は総計一三、四九六、六九五件でこれを法院別及び事件別に整理すると**表7~10**の通りである。

(2) 一九九六年度全国新受総計一三、四九六、六九五件の中、訴訟事件は四、四二二、〇五〇件であり、非訟事件は九、〇七四、六四五件で、その比率は三二・八%対六七・二%になる（**図1**）。

(3) 一九九六年度全国訴訟事件四、四四二、〇五〇件を本案事件(民事、家事、行政及び選挙、刑事公判及び社会保護処分事件とその再審、期日指定事件）とその他雑事件（家事非訟、調停申請、行政申請、刑事略式、即決、令状申請、少年保護事件、監置、過料事件）。構成比率は本案事件八六八、二六九件で一九・六%対その他事件三、五五三、七八一件で八〇・四%になる（**図2**）。

表7　総　　括

(1996年度)

区分／法院	総計	訴訟事件						非訟事件			
		合計	民事	家事	行政	刑事	少年	合計	登記	戸籍	供託
総計	13,496,695	4,422,050	2,233,938	87,737	15,074	2,046,890	38,411	9,074,645	8,863,656	122,840	88,149
大法院	15,726	15,726	8,476	250	2,427	4,569	4	−	−	−	−
高等法院合計	35,333	35,333	11,932	942	12,647	9,812	−	−	−	−	−
地方法院合計	13,445,636	4,370,991	2,213,530	86,545	−	2,032,509	38,407	9,074,645	8,863,656	122,840	88,149
控訴審計	63,844	63,844	24,629	574	−	38,437	204	−	−	−	−
第一審計	13,381,792	4,307,147	2,188,901	85,971	−	1,994,072	38,203	9,074,645	8,863,656	122,840	88,149

注：監置・過料50件は刑事欄に合算

表８　上告審

（1996年度）

区分／法院	合計		民事		家事		行政		刑事			少年
	本案	その他	本案	その他	本案	その他	本案	その他	公判	社会保護処分	その他	
大法院	12,387	3,339	5,704	2,772	182	68	(18) 2,302	125	4,067	132	370	4

注：行政本案欄（　）内の数は選挙訴訟事件の数である。

表９　控訴審

（1996年度）

区分／法院	合計		民事		家事		行政		刑事			少年
	本案	その他	本案	その他	本案	その他	本案	その他	公判	社会保護処分	その他	
合計	77,517	21,660	24,484	12,077	1,055	461	8,384	4,263	43,268	326	4,655	204
高等法院計	27,222	8,111	9,193	2,739	686	256	8,384	4,263	8,633	326	853	—
地方法院計	50,295	13,549	15,291	9,338	369	205	—	—	34,635	—	3,802	204

表10　第一審

（1996年度）

区分／法院	総計	訴訟											
		合計		民事							家事		
		本案	その他	合意	単独	少額	調停	督促	執行	その他	本案	非訟その他	調停
合計	13,381,792	778,365	3,528,782	46,799	150,651	366,290	39,932	351,069	300,695	933,465	41,156	8,391	36,424

（1996年度）

事件									非訟事件			
刑事							少年	監置過怠料	合計	登記	戸籍	供託
合意	単独	社会保護処分	即決	略式	令状	その他						
17,678	155,318	473	819,478	775,206	170,814	55,057	38,203	48	9,074,645	8,863,656	122,840	88,149

図1　訴訟事件と非訴訟事件の比率

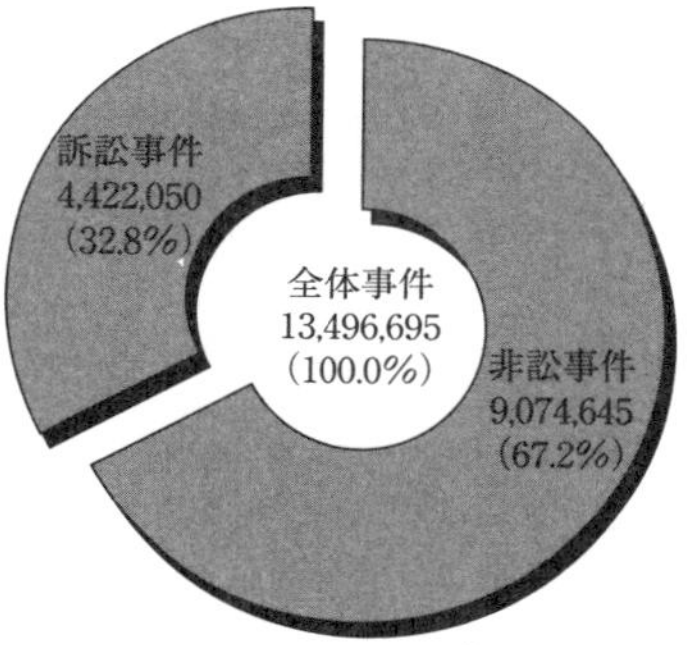

図2　本案事件とその他事件の比率

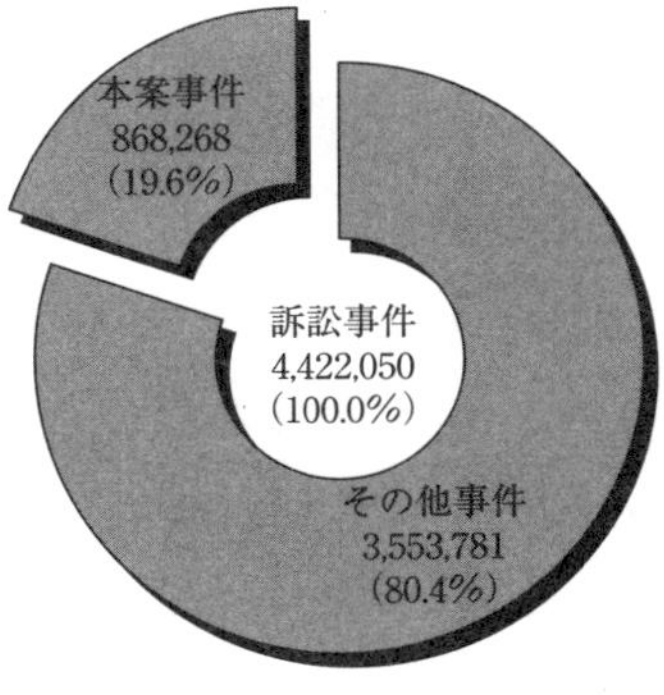

図3　非訟事件種別構成

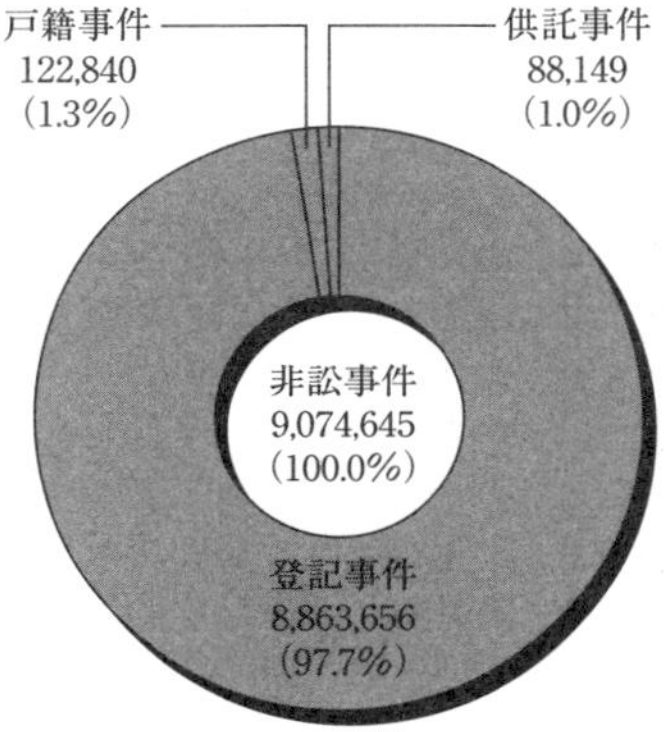

図4　訴訟事件事件別構成

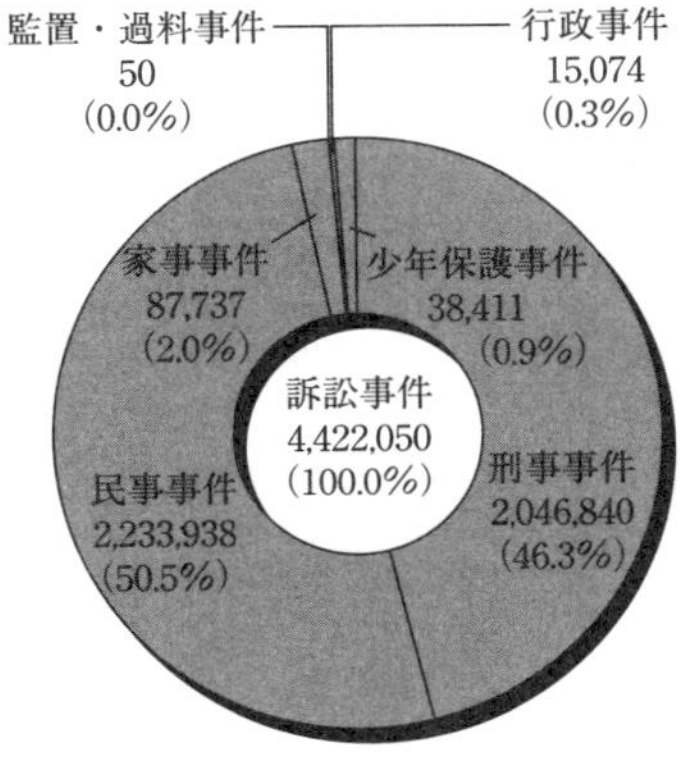

表　11

区分＼年度	人口		全体事件		訴訟事件 本案事件		訴訟事件 その他事件		非訟事件（登記、戸籍、供託）	
	人口数	指数	事件数	指数	事件数	指数	事件数	指数	事件数	指数
1987	41,575,000	100.0	8,949,050	100.0	545,715	100.0	2,153,384	100.0	6,249,951	100.0
1988	41,975,000	101.0	10,219,645	114.2	502,817	92.1	2,126,219	98.7	7,590,609	121.5
1989	42,380,000	101.9	9,799,036	109.5	496,798	91.0	2,306,353	107.1	6,995,885	111.9
1990	43,869,000	105.5	10,529,649	117.7	525,735	96.3	2,525,208	117.3	7,478,706	119.7
1991	43,801,000	105.4	10,621,950	118.7	569,086	104.3	2,889,254	134.2	7,163,610	114.6
1992	44,306,000	106.6	10,153,123	113.5	627,247	114.9	2,831,448	131.5	6,694,428	107.1
1993	45,011,000	108.3	11,622,675	129.9	683,816	125.3	3,242,204	150.6	7,696,655	123.2
1994	45,426,000	109.3	12,643,561	141.3	701,970	128.6	3,291,673	152.9	8,649,918	138.4
1995	45,829,000	110.2	13,433,184	150.1	783,021	143.5	3,566,783	165.6	9,083,380	145.3
1996	46,242,000	111.2	13,496,695	150.8	868,269	159.1	3,553,781	165.0	9,074,645	145.2

注：１．人口数は1990年までは韓国統計年鑑（統計庁発行1991年版）による推計人口であり、1991年からは内務部の住民登録上人口報告書によるものである（1,000以下は切り捨て）。
２．非訟事件中登記事件は登記申請事件のみ記載した。

(4)　一九九六年度全国訴訟事件四、四四二、〇五〇件の事件別の構成比率は、民事事件二、二三三、九三八件で五〇・五%を占め、刑事事件は二、〇四六、八四〇件で四六・三%を占め、家事事件八七、七三七件で二%を占め、少年保護事件は三八、四一一件で〇・九%を占めている（図3）。

(5)　一九九六年度全国非訟事件九、〇七四、六四五の事件別構成比率は登記事件八、八六三、六五六件で九七・七%を占め、戸籍事件一二二、八四〇件で一・三%を占め、供託事件八八、一四九件で一%を占めている（図4）。

(6)　人口と全体事件数の累年比較（表11）

(7)　法官の業務量　法官の業務量は法官各自が処理すべき事件の件数と、実際に

表　12

法官１人当りの負担件数

年度＼区分	可動法官数	訴訟事件合計		本案事件		その他事件	
		総件数	負担件数	件数	負担件数	件数	負担件数
平均負担件数	1,172	4,422,050	3,773.1	868,269	740.8	3,553,781	3,032.2
大法院	13	15,726	1,209.7	12,387	952.9	3,339	256.8
高等法院	174	35,333	203.1	27,222	156.4	8,111	46.6
地法法院	985	4,370,991	4,437.6	828,660	841.3	3,542,331	3,596.3

法官１人当りの処理件数

年度＼区分	可動法官数	訴訟事件合計		本案事件		その他事件	
		総件数	負担件数	件数	負担件数	件数	負担件数
平均負担件数	1,172	4,348,955	3,710.7	846,146	722.0	3,502,809	2,988.7
大法院	13	16,070	1,236.2	12,825	986.5	3,245	249.6
高等法院	174	33,110	190.3	25,719	147.8	7,391	42.5
地法法院	985	4,299,775	4,365.3	807,602	819.9	3,492,173	3,545.4

注：可動法官数は1996．12．31現在、法官配置現況表による。

表　13

年度＼区分	合計		本案事件		督促事件		執行事件		申請事件		非訟事件	
	事件数	指数	事件数	指数	事件数	指数	事件数	指数	事件数	指数	事件数	指数
1987	1,560,391	100.0	355,039	100.0	152,934	100.0	221,564	100.0	747,030	100.0	91,824	100.0
1988	1,401,233	89.8	310,043	87.3	134,614	88.0	191,679	89.8	746,955	100.0	17,942	19.5
1989	1,284,610	82.3	290,847	81.9	131,453	86.0	161,011	75.4	683,658	91.5	17,641	19.2
1990	1,338,249	85.8	302,156	85.1	136,075	89.0	146,825	68.8	738,429	98.9	14,764	16.1
1991	1,480,341	94.9	335,069	94.4	166,542	108.9	149,727	70.1	805,720	107.9	23,283	25.4
1992	1,645,988	105.5	392,727	110.6	194,013	126.9	161,513	75.6	874,172	117.0	23,563	25.7
1993	1,729,178	110.8	422,658	119.1	229,206	149.9	186,737	87.4	859,432	115.1	31,145	33.9
1994	1,653,500	106.0	461,860	130.1	269,047	175.9	216,447	101.4	667,623	89.4	38,523	42.0
1995	2,033,452	130.3	524,065	147.6	308,269	201.6	258,124	120.9	898,999	120.3	43,995	47.9
1996	2,233,938	143.2	593,928	167.3	351,069	229.6	300,695	140.8	943,345	126.3	44,901	48.9

注：申請事件には調停事件（41,467件）及び抗告・再抗告事件（8,860件）が含まれている。

表　14

区分 年度	合計		公判事件		略式命令事件		即決事件		令状事件		申請及び抗告	
	人員数	指数	人員数	指数	人員数	指数	人員数	指数	人員数	指数	人員数	指数
1987	1,016,643	100.0	153,151	100.0	373,180	100.0	306,169	100.0	131,176	100.0	52,967	100.0
1988	1,108,337	109.0	156,386	102.1	393,813	105.5	363,483	118.7	136,615	104.2	58,040	109.6
1989	1,396,420	137.4	169,006	110.4	467,613	125.3	539,647	176.3	146,217	111.5	73,937	139.6
1990	1,588,086	156.2	186,184	121.6	577,040	154.6	582,701	190.3	155,480	118.5	86,681	163.7
1991	1,852,083	182.2	194,680	127.1	638,446	171.1	771,417	252.0	151,879	115.8	95,661	180.6
1992	1,675,586	164.8	192,100	125.4	665,114	178.2	576,501	188.3	147,210	112.2	94,661	178.7
1993	2,041,491	200.8	215,744	140.9	749,364	200.8	807,819	263.9	168,304	128.3	100.260	189.3
1994	2,216,987	218.1	192,492	125.7	724,184	194.1	1,087,974	355.4	158,235	120.6	54,102	102.1
1995	2,190,119	215.4	211,670	138.2	720,625	193.1	1,027,022	335.4	170,730	130.2	60,072	113.4
1996	2,146,840	211.2	221,262	144.5	775,206	207.7	819,478	267.7	171,700	130.9	59,194	111.8

注：公判事件人員数には社会保護処分事件人員数が含まれる。

表　15

区分 年度	合計		訴訟事件		非訟事件		調停事件		申請事件	
	人口数	指数	事件数	指数	事件数	指数	事件数	指数	事件数	指数
1987	89,363	100.0	33,267	100.0	23,036	100.0	6,616	100.0	26,444	100.0
1988	86.936	97.3	32,477	97.6	22,594	98.1	5,853	88.5	26,012	98.4
1989	87,145	97.5	32,652	98.2	21,326	92.6	5,709	86.3	27,458	103.8
1990	86,565	96.9	32,078	96.4	22,573	98.0	4,964	75.0	26,950	101.9
1991	86,288	96.6	32,995	99.2	21,768	94.5	6,526	98.6	24,999	94.5
1992	90,277	101.0	34,296	103.1	21,458	93.1	6,120	92.5	28,403	107.4
1993	98,134	109.8	36,296	109.1	24,422	106.1	5,765	87.1	31,651	119.7
1994	78,525	87.9	38,379	115.4	23,743	103.1	7,975	120.5	8,428	31.9
1995	75,960	85.0	37,407	112.4	22,442	97.4	7,648	115.6	8,463	32.0
1996	85,971	96.2	41,156	123.7	25,432	110.4	8,391	126.8	10,992	41.6

注：従来に把握され申請事件欄に合算・記載された「申請事件の中で文書件名簿に登記された事件で法院または裁判長の処分を要する事件」は1994年から把握されていないので除外する。

処理した事件の件数に区別することができる。前者は負担件数（年間受付件数／法官数）であり、後者は処理件数（年間処理件数／法官数）である（表12）。

(8)　民事事件累年比較（表13）

(9)　刑事事件累年比較（表14）

(10)　第一審家事事件種類別構成

＊　一九九六年度に受付けた家事事件は総数八五、九七一件で、これは全体事件の〇・七%、訴訟事件の二・〇%の比率に該当する（図5）。

図5　第一審家事事件種類別構成

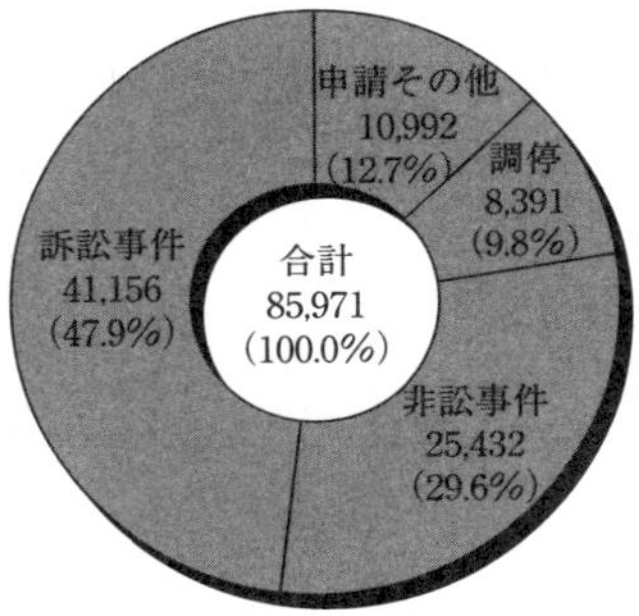

(11)　第一審家事事件種類別構成（表15）

第四章　弁護士制度

第一節　弁護士制度の意義

訴訟行為は、民事訴訟法上の訴訟能力を持っている場合であっても、実際上訴訟の追行は一般人においては誰でもできることではなく、専門的知識と経験を必要とする。また訴訟制度が技術化し、訴訟事件が増加すると円滑な審理、訴訟処理の効率を期する上からも、素人である本人よりも法律家として十分な能力と見識の持ち主がこれを業として訴訟手続に関与することが望ましい。当事者においても訴訟に関する専門知識と経験のある弁護士を代理人として法廷に出席させ、権利を主張し、その法律上の地位を弁護することを業とする制度が必要とされる。

しかし、法律家として十分な能力、見識のない者が弁護を業としたのでは濫訴の弊害を生じさせることは疑問の余地がない。そこで国家としても弁護士の資格を法の定める一定の要件を満たす者のみに限定し、それ以外の者が他人の法律事件に関与することを禁止することが必要となる。ここに国家が弁護士制度を法律で規定する理由がある。

弁護士が果たす法制度の役割は、訴訟当事者の代理人または刑事被告人の弁護人として当事者・被告人の権利・利益を擁護し、合わせて裁判の適正・公正を確保することにある。なお最近では大企業の法律顧問として重要な経営上の意思決定に関与して経済中枢に一定の影響を与えると共に、法廷活動を通じて行政官僚に対する強力な政策批判を展開することによって政策形成過程にも影響を与えているということは注目に値する。

第二節　弁護士人口

国民が弁護士を容易に利用しうるためには適正数の弁護士が存在しなければならない。法官・検事・弁護士の数についてこれを増加させる必要があることでは意見が一致する。それは経済の発展と社会の進化に伴って訴訟事件はいよいよ複雑となり、かつ大量に発生するに至り、司法の運営と国民の法的生活の中で弁護士が果たす役割が飛躍的に増大することは必至であるからである。政府はこれに備えるため判事・検事・弁護士の資格を与える司法試験の選抜予定人員を漸次増加させていくことを決めている。その内容は次の通りである。

現行三〇〇名水準の司法試験による法曹人（判事・検事・弁護士）選抜人員を原則として

一九九六年　五〇〇名
一九九七年　六〇〇名
一九九八年　七〇〇名
一九九九年　八〇〇名

に増員し、二〇〇〇年とそれ以後は一、〇〇〇―二、〇〇〇名以内で増加することにすると、一九九五年四月二五日に大法院で法律サービス及び法学教育の方向に関する方針を発表している。一九九五年以降一九九八年度までは、上記の大法院で発表した方針が実現されている状態である。具体的には司

表16　弁護士人口の推移　(単位：名)

区分＼年度	1987	1988	1989	1990	1991	1992	1993	1994	1995	1996
登録人員	2,312	2,445	2,575	2,742	2,984	3,157	3,360	3,503	3,731	3,845
開業	1,521	1,666	1,803	1,984	2,258	2,450	2,684	2,851	3,079	3,188
非開業	791	779	772	758	726	707	676	652	652	657

法試験令三条に「選抜人員は毎試験施行に際して総務長官、法務長官及び法院行政処長の意見を聞いて、その数を決めることができる」と規定している（表16）。

第三節　弁護士強制主義

訴訟追行には法律に関する専門的知識や経験が必要なため、本人の訴訟行為を禁じ弁護士による代理を強制する立法主義と、本人による訴訟追行を許容する立法主義がある。前者の立法主義を弁護士強制主義という。現在、ドイツでは地方法院以上にこの弁護士強制主義を採用している。

弁護士強制主義は、一方で法律についての専門知識や経験のない者の利益保護を確実に行い、他方では弁護士による整理された弁論により訴訟追行の円滑化と司法運営の公正を維持するのに寄与している。それだけでなく弁護士強制主義を用いれば、弁護士と依頼人との対話を通じ、勝訴の見込みがない訴訟提起を事前に抑制することもできる。

一九八九年一二月に国会に提出された民事訴訟法改正案（同案八〇条ノ二）によると、高等法院以上の法院について積極的訴訟行為を行う場合に限り、必ず弁護士を訴訟代理人に選任するようにする部分的弁護士強制主義を採り、これ以外の場合には本人自らの訴訟進行を許容した。但し本人訴訟が許容されるときにも他人に訴訟追行を依頼する際には、原則として弁護士によるようにしていた。この改正案は国会審議過程において削除された。そして現在進行している民事訴訟法改正案にはこの案を再び包含させている。韓国でもドイツに見られるような弁護士強制主義を採用するためには、先行しなければならない必要条件として第一に全国各地に実需要を充当できる弁護士数の確保が先行されなければならず、第二に勝訴者が支給した弁護士報酬の合理的部分は敗訴者が負担するという原則と同時に弁護士費用の法定化が必要であり、第三には弁護士費用のために提訴を放棄することがないようにするための法律扶助制度の強化、充実が必要である。

このような条件が充足されなければ、弁護士の不足や経済的貧困により事実上提訴ができなくなり、国民の権利保護にむしろ障害の要因となる憂慮がある。

第四節　弁護士の報酬と訴訟費用

民事訴訟において弁護士に支払った報酬のうち、大法院規則によって一定範囲内の金額は民事訴訟法九九条ノ二(弁護士報酬と訴訟費用)「①訴訟代理をした弁護士に当事者が支払ったかまたは支払う報酬は大法院規則に定める金額の範囲内でこれを訴訟費用とする。②第一項の訴訟費用の算定に際して数人の弁護士が訴訟代理をした場合にも、一人の弁護士が訴訟代理をしたものと見なす。」との定めに

表17　訴訟費用に算入される弁護士報酬基準

訴　訟　物　価　額	訴訟費用に算入される比率
100万ウォン以下の部分	10　%
100万ウォン以上　300万ウォン以下の部分	8　%
300万ウォン以上　400万ウォン以下の部分	7　%
400万ウォン以上　500万ウォン以下の部分	6　%
500万ウォン以上1,000万ウォン以下の部分	5　%
1,000万ウォン以上3,000万ウォン以下の部分	4　%
3,000万ウォン以上5,000万ウォン以下の部分	3　%
4,000万ウォン以上1億ウォン以下の部分	1　%
1億ウォン以上	0.5%

＊　訴訟物価額を算定できない場合には訴訟物価額を1,000万ウォンとして請求趣旨を基準にする。

＊　被告の全部自白、擬制自白、和解、請求放棄、認諾その他裁判によらない場合には、上述基準の2分の1とする。

＊　民事事件の場合勝訴すると着手金と同じ金額の成功報酬を受取ることができる。着手金と成功報酬は、基準金額の30%範囲内で増減でき、一、二、三審の着手金と成功報酬合算額は勝訴金額の40%を超えることはできない。

よって訴訟費用として認めることになった。その範囲を定める大法院規則によると当事者が弁護士に支払った報酬のうち、訴訟物価額の一〇%ないし〇・五%に相当する金額を訴訟費用として認めており、その比率は訴訟物価額が増加する比率に従って一〇%から〇・五%まで順次に逓減する（**表17**参照）。

この規定の趣旨は、勝訴者が支払った弁護士費用を訴訟費用化して、敗訴者から支払ってもらうようにすることによって、当事者が訴訟費用の増加を意識して濫訴と濫上訴を自制させるところにある。

第五章　公証制度

第一節　公証人制度の意義

公証人とは、当事者その他関係者の嘱託により法律行為その他事件に関する事実について公正証書を作成し、また私署証書に対する認証と公証人法及びその他の法令の定める公証人の事務を処理することをその職務とする者を称する。このような公証人という機関を設けて公証をさせる制度を公証制度という。国家が公証人制度を設けた一番の目的は、例えば私人の権利義務に関係する契約上の意思表示について明確な証拠を残すことによって紛争の発生を未然に防ぐことにある。同時に証拠を確保して訴訟に備える意味もある。なお公証人の作成する公正証書には一定の範囲で執行力を認めている（韓民訴法五二二条）。この限りでは公証制度は紛争予防的機能のほか紛争解決的機能も有する。

第二節　公証人の職務

一　公証人の職務

当事者その他の関係者の嘱託により法律行為その他の事件に関する事実に対しての公正証書の作成、

私署証書に対する認証ならびにその他の法令が定める公証人の事務を処理することをその職務とする（韓公法二条）。これを以下の三つに分けて説明する。

1　法律行為その他の事件に関する事実に対する公正証書を作成すること。

法律行為に関する公正証書を作成するとは、金銭消費貸借や売買等の意思表示が公証人の面前ではじめてなされるのを聞知し、それを記載して公正証書を作成する場合と、これらの契約が既に締結されたという当事者の陳述を聞き、その陳述内容を証書に記載して公正証書を作成する場合との二つの場合を含む。

2　私署証書に認証をする

これには当事者に公証人の面前で私署証書に署名または捺印をさせるか、私署証書の署名または捺印を本人またはその代理人に確認させた後、この事実を証書に記載する原本認証（署名認証ともいわれる）と私署証書の謄本が原本と偽りないことを認証する謄本認証とがある（韓公法五七条）。認証の手続、記載事項については韓国公証人法五七条ないし六一条。

3　その他の法令が定める公証人の事務

これには韓国商法二九二条及びその準用規定による定款の認証、韓国民法一〇六八条による公正証書による遺言、拒絶証書令による拒絶証書の作成等がある。

二　公証事務の代行

地方検察庁の管轄区域内に公証人がいない場合、または公証人がその職務を遂行することができない場合には、法務部長官は地方検察庁検事または地方法院登記所長である法院書記をして管轄区域内において公証人の職務を行わせることができる（韓公法八条）。なお韓国において登記業務は裁判所の業務とされている。

第三節　公証人の任命及び所属

一　公証人の所属及び定員

公証人は地方検察庁の所属とする。各地方検察庁所属公証人の定員数は、地方検察庁の管轄区域ごとに法務部長官がこれを定める（韓公法一〇条）。

二　公証人の任命

公証人は、法務部長官が任命し、その所属地方検察庁を指定する（韓公法一一条）。

三　公証人の資格

次の条件を具備した者でなければ、公証人に任命されることができない。

(i)　大韓民国国民であること

(ii)　判事、検事または弁護士の資格を有する者（韓公法一二条）。

第四節　簡易手続による民事紛争事件処理特別法による公証

現行韓国公証人法は、一九六一年九月二三日法律七二三号として成立し施行された。その後六回の改正を経て現行公証人法に至っている。

一九六五年六月三日法務部令一一三号に公証人の定員は、ソウル地方検察庁九人、大邱地方検察庁三人、釜山地方検察庁四人、その他地方検察庁（六庁）各一人の計二〇名を規定した。

その後民事に関する事件処理の遅延を防止し、国民の権利義務の迅速な実現と紛争処理の促進を期して、一九七〇年一二月三一日法律二二五四号として「簡易手続による民事紛争事件処理特別法」が制定された。同法により公証人法と同様の公証業務を行うことのできる合同法律事務所の設立が認定されるに至った。よって公証業務を公証人のみならず弁護士によって構成される合同法律事務所においても取扱うことができるようになった。

「簡易手続による民事紛争事件処理特別法」における合同法律事務所は、以下のような制度である。

①　合同法律事務所の設立

大法院（注・最高裁判所）所在地においては、五人以上、高等法院、地方法院、支院所在地においては三人以上の弁護士が合同で法律事務に従事することを約定し、規約を作成し法務部長官の認可を受けることにより合同法律事務所を設立することができる（簡易特例法九条一項）。前記の規約には、公証証書原本の保管に関する事項を規定しなければならない（同条五項）。

② 構成員の資格

全員が弁護士であり、五人以上の場合は三人、三人以上の場合は一人以上が一〇年以上法院組織法三三条各号の一つに該当する職にいた者でなければならない（同九条二項）。

＊ 法院組織法四二条は、法官の任用資格に関する規定である。①大法院長と大法官は一五年以上次の各号の職にあった四〇歳以上の者の中から任用する。(i)判事、検事、弁護士(ii)弁護士の資格がある者で国家機関、地方自治団体、国・公営企業体、政府投資機関、其他法人において法律事務に従事した者(iv)弁護士の資格がある者で公認された法科大学の法律学教授、助教授の職にあった者、②判事は次の各号の一に該当する者の中から任用する。(i)司法試験に合格して司法研修院の所定課程を終えた者(ii)弁護士の資格がある者、③第一項の各号に規定する二つ以上の職にあった者はその半数を通算する。

③ 弁護士業務の制限

弁護士法二四条の規定は合同法律事務所構成員にこれを準用する。

＊ 弁護士法二四条（受任制限）弁護士は次の各号の一つに該当する事件については、その職務を行うことができない。第二号の事件の場合は、受任している事件の委任者が同意した場合は別である。

1 当事者の一方から相談を受けてその受任を承認した事件の相手側が委任した事件

表18　証人人員

区分＼年度		1987	1988	1989	1990	1991	1992	1993	1994	1995	1996
任命公証人		18	17	15	15	13	10	9	10	11	11
法務法人	事務所	21	21	22	24	28	34	43	56	75	90
	構成員	110	115	130	136	151	190	236	314	415	483
合同法律事務所	事務所	74	74	77	78	79	80	83	84	84	83
	構成員	332	334	353	360	364	369	381	392	384	375
代行庁		26	25	25	25	25	25	25	24	22	21

表19　公証事務処理件数

区分＼年度	事件処理件数	金額（ウォン）	区分＼年度	事件処理件数	金額（ウォン）
1987	3,855,195	4,627,181,418,301	1992	3,629,510	13,933,832,827,189
1988	3,902,935	6,607,003,838,454	1993	3,345,897	13,153,182,375,077
1989	4,350,734	6,993,113,057,171	1994	3,352,767	18,501,954,247,164
1990	4,234,496	9,079,769,254,979	1995	3,239,398	22,459,702,914,541
1991	4,100,100	10,370,776,489,598	1996	3,372,502	27,719,548,241,721

2　受任している事件の相手側の委任する他の事件

3　公務員、調停委員または仲裁人として職務上扱った事件

第五節　監督及び懲戒

公証人は、法務部長官がこれを監督する(韓公法七八条)。同法八二条二項において「各地方検察庁検事長は、その管轄区域内の公証人に関し、懲戒に該当する事由があると認めるときは直ちにこれを法務部長官に報告しなければならない」と規定し、法務部長官による直接の監督権を強化している。なお同法八五条は「①法務部に懲戒委員会を置く。②懲戒委員会に関して必要な事項は、大統領令で定

める。」と規定する。

＊　懲戒委員会は、委員長一人と委員四人からなる。委員長は、法務部長官がなり、委員は法務次官と同局局長及び検事の中から法務長官が任命し、その他幹事及び書記を各一人ずつ置く。地方検事長は、所属公証人に公証人法所定の懲戒事由があるときには、懲戒委員会に懲戒を要求しなくてはならない。同委員会は、懲戒に関する審議終了後、委員長を含めた在籍委員過半数の賛成を経て懲戒を議決する（一九七〇年六月二三日大統領令五一二三号公証人懲戒委員会規程）。

第六節　公証人人員及び公証事務処理件数の推移

表18・表19参照。

第六章　法務士制度

第一節　法務士制度の意義

法務士（司法書士）とは、他人の委任によって法院と検察庁に提出する書類を作成し、また登記供託に関する書類の作成、申請代理を行うことを業務とするものである。法務士がその業務を適正に遂行するには、一定の専門的知識と経験を必要とするため、法務士の資格を法律に規定し、それらの者に業務執行上、一定の権限と義務を与えるとともに、また監督・懲戒に服させることとするのが法務士制度である。法務士制度の目的は、訴訟手続等について、法院、検察庁等に提出する書類の作成をそれに関して専門的知識と経験を有する者に行わせ、また登記・供託事件のように一般人には期待できない技術性の高い法的手続に、これに関する専門的知識と経験を有する者を代理人として関与させることによって、国民の法律生活の便宜を図り、司法制度の発展に寄与しようとするところにある（法務士法一条）。

第二節　法務士の業務

一　業務の内容

法務士の業務は他人の委任による裁判事務と登記・供託の二つに大別される。(i)裁判事務は法院・検察庁に提出する書類の作成に限られ、委託者を代理することまでは含まない（法務士法二条二項）。(ii)登記・供託事務は登記所・地方法院長または地方法院支院長が指定する供託事務を処理する所属法院書記官または法院事務官、但し市法院・郡法院の場合は地方法院長または地方法院支院長が指定する法院主事または主事補に提出する書類の作成（法務士法二条一項三号）のみでなく、登記の申請、供託等について委託人を代理することも含む（同条同項四号）。

具体的には次の事務が法務士の業務とされる。

(1)　法院・検察庁に提出する書類と法院・検察庁の業務に関連する書類の作成とは、訴状（韓民訴法二二六条）、答弁書（同法一三七条参照）、準備書面（同法二四五条）、証拠申請書（同法二六二条）、民事調停申請書（民事調停規則二条）、家事訴訟申請書（家事訴訟法一二条）、家事非訟事件審判申請書（家事訴訟法三六条）、家事調停申請書（家事訴訟法四九条）支給命令申請書（民事訴訟法四三四条）、告訴状・告発状（韓国刑訴法二三七条）等を指す。

(2)　登記所、供託事務を処理する法院書記官または法院事務官・法院主事または主事補に提出する書類とは、登記申請書（不動産登記法四〇条）、供託書（供託法四条）、供託物の受領、回収請求書（供託法八条）等を指す。

(3)　登記の申請、供託等について委託人を代理するとは、法務士が登記の申請・供託等について委託を受けたときは、自己の法律的判断に基づいて委任の趣旨に適した登記の申請、供託に関して代理行為をすることを指す。なお法務士が委託を受けるに際し、委託人が如何なる趣旨の委託をすべきかを決める前提としての法律相談に応ずることも許されるものと解される。

二　業務の限界

(1)　法務士は、法務士法二条一項一号ないし三号に規定されている書類であっても、その書類の作成が他の法律において制限されているものについては、これを行うことはできない(法務士法二条二項)。

(2)　法務士は、上述した業務の範囲を超えて他人間の訴訟その他の事件に関与してはならない(法務士法二一条)。これに違反すると懲戒処分を受けるだけでなく(同法四八条)、五年以下の懲役または一千万ウォン以下の罰金に処せられる(同法七二条)。他人間の訴訟その他の事件に関与するとは、他人間の権利、義務に関する紛争の解決に報酬を得る目的の有無を問わず、積極的もしくは消極的影響を与える行為、例えば鑑定、裁判上または裁判外の行為の代理、仲裁・和解の斡旋、債権の取立て、事件の目的たる物または権利の譲り受けなどを指す。

これらの行為を法務士に対して禁止しているのは、訴訟事件の代理権は法律専門職である弁護士に限って認められるものであって(韓国弁護士法二条、三条)、法務士にはその資格要件の上でこれらの行為を適正に行い得るだけの法律的素養を有することの保証がないからである。この理由によって法務士の業務の内容を訴訟事件に関しては書類の作成に限定したのである。現在、法務士の業務処理の実際においては、法律に訴訟事件関与の禁止規定があるのにもかかわらず、他人の訴訟事件に関与することが稀ではない。しかし、この禁止に反する行為の私法上の効力は別であり、当然のことながら無効ではない。

＊　例えば法務士のように弁護士資格のない者による訴訟行為の効果に関しては、見解が対立している。

(i)　有効説　有効説によると、訴訟代理人として弁護士資格が要求されるのは、非弁護士に対しては弁論能力を制限するためである。従って弁護士資格は訴訟代理権の発生・存続の要件でもない。もちろん、法院は非弁護士の訴訟関与を排除することができるが、非弁護士が訴訟代理人として行った訴訟行為または非弁護士に対して相手側当事者が行った訴訟行為は有効とみなさなければならないと主張する。しかし、弁論能力制度が単純に円滑な訴訟審理と司法の健全な運営という公共目的に過ぎず、形式的には訴訟能力があるが実質的には法院の釈明の内容を理解し、適切に対応できる能力を欠缺する当事者の保護と平等確保にもあるという点を看過しているため、この説に従うことはできない。

(ii)　無効説　無効説によると、当事者は弁護士資格がある者により代理されなければならず、弁護士資格は訴訟委任による訴訟代理の発生・存続の要件であり、非弁護士または非弁護士に対する訴訟行為は無効であると解釈する。従って、非弁護士の訴訟関与を法院が看過し、排除しなかった場合には、非弁護士のまたは非弁護士に対する訴訟行為は無効であり、当事者はこれに拘束されない。つまり弁護士資格の存在は訴訟代理権の発生・存続の要件であるため、非弁護士の訴訟行為は無効である。

(iii)　折衷説　折衷説によれば、非弁護士によるまたは非弁護士に対する訴訟行為は、絶対的な無効ではなく、無権代理人の行為の追認が認定されること（民訴五六条・八八条）と同様に本人の追認によってその行為は有効となると解釈する。但し、本人が非弁護士であることをわかっていながらも、訴訟委任を行い、その結果が自己に有利な場合追認を行えれば、公平に反するため、本人が非弁護士であることを知らなかった場合に限り追認を認定しなければならないであろう。非弁護士が金品、接待その他の利益を得たり、得ることを目的に他人の訴訟代理人として訴訟行為を行った場合には、韓国弁護士法九〇条二号に規定された強行法規に違反し刑事処罰の対象となるため、この行為は追認の余地なしに絶対無効であると解釈しなければならないであろう。

第三節　法務士の地位

一　法務士となる資格

法務士となる資格については、法務士法四条に定める要件を充たした者のみが法務士となる資格を取得する。その要件とは次の通りである。

(1)　法院、憲法裁判所、検察庁の事務職または麻薬捜査職の公務員として一〇年以上勤務した者の中、五年以上五級以上の職に在職した者と、上記の公務員として一五年以上在職した者の中、七年以上七級以上の職に在職した者で、大法院長が法務士業務の遂行に必要な法律知識と能力があると認めた者

(2)　法務士試験に合格した者

＊　法務士試験は定期的に実施されるのではなく、法務士の補充が必要と認められた場合に実施することになっている（大法院規則四条一項）。

二　登　録

法務士となる資格を得た者が、法務士として業務を行うには、大法院規則に定める研修教育を終えた後、大韓法務士協会に登録しなければならない（韓国法務士法七条）。登録はまず登録希望者が加入を希望する地方法務士会を経て、大韓法務士協会に登録申請書を提出しなければならない。大韓法務士協会は、登録申請者が法務士法が定める法務士となる資格要件を充たすかを審査して、その要件を充たさない場合は登録を拒否しなければならない（同法九条）。

三　事務所の設置

(1)　法務士個人事務所の設置

法務士が登録を終えて業務を開始する場合、所属地方法務士会を監督する地方法院の管轄区域内に一ヶ所に限って事務所を設置して、地方法務士会を経て大韓法務士協会に申告しなければならない（同法一四条）。

(2)　法務士合同事務所の設置

同一地方法務士会に所属する三人以上の法務士によって構成される法務士合同事務所を設置することができる。合同事務所は、所在地を管轄する地方法院の管轄区域内に法務士分事務所を置くことができる（同法三五条）。

(3)　法務士合同法人の設立

構成員になることを希望する五人以上の法務士が、定款を作成して主事務所所在地の地方法務士会を経て、大法院長の許可を得なければならない。五人以上の法務士の中二人以上は法務士法四条一項一号（上述一(1)参照）に該当するか、一〇年以上法務士業務に従事したものでなければならない。法務士合同法人が構成員でない所属法務士を置く場合、主事務所所在地の地方法務士会を経て地方法院長にこれを申告しなければならない（同法三三条以下）。

第四節　懲　戒

地方法院長は、法務士が法務士法またはこの法による大法院規則、その他法務士法四八条に列挙された事項に違反した際には、法務士法四九条の規定による法務士懲戒委員会の懲戒議決を要求して、それに従って懲戒処分を行う（韓国法務士法四八条）。懲戒の種類は、除名、一ヶ月以上二年以下の業務停止、二〇〇万ウォン以下の過怠料、譴責である。

第五節　法務士団体

一　地方法務士会

地方法院の管轄区域ごとに地方法務士会を設立しなければならない。地方法務士会は法人であり、法務士の強制加入が認められている。地方法務士会の設立目的は、法務士の品位保全、業務の向上、会員の指導および連絡を図ることである。地方法務士会には紛争調停委員会を設置して、委任者と法務士間または法務士相互間の職務上の紛争の調整や不満を処理する。地方法務士会は、大韓法務士協会およびその所在地を管轄する地方法院長の監督に服する。

二　大韓法務士協会

地方法務士会は連合して法人として大韓法務士協会を設立しなければならない。大韓法務士協会の目的は、法務士の品位保全、業務の向上、地方法務士会とその会員の指導および連絡に関する業務と法務士の登録に関する事務を行うことである。

三　大韓法務士協会入会人員の推移

法務士の法律専門職としての国民の法律生活、経済生活におけるその役割がますます大きくなるのと比例して法務士人口も増加しているのが目立つ（表20）。

表　20

年　　度	1991	1992	1993	1994
入会人員	2,324	2,392	2,513	2,726

年　　度	1995	1996	1997．1．1現在
入会人員	2,949	3,206	3,377

＊　1997年度発行　法務士百年史（資料編）740頁

第二編　韓国民事訴訟法改正案の概要

第一章　民事訴訟法改正の背景

今回の民事訴訟法改正案成立の背景及びその内容を理解するためには、まず一九九〇年度と一九九四年度の民事訴訟法の全面的改正の背景及びその内容を考察しなければならない。その理由は、今回の改正案では一九九〇年と一九九四年の民訴法改正の骨組みに基づいてそれをさらに補完したものであるからである。

第一節　一九九〇年の民訴法全面的改正の背景と内容

一　背　景

一九六〇年に民事訴訟法が施行されて以来三〇年間二度の部分的改正があったに過ぎず、民事訴訟法典はそのまま維持しながら特別法によって実質的に改正補完を行った。

＊　民事訴訟法の改正

(i)　第一次改正法（一九六一年九月一日法律七〇六号）

・アメリカ法の交互訊問制度の導入（民訴二九八条）

・違憲問題に関する特別上告制度（民訴四〇八条ノ二）

・判決書作成の簡易化（民訴一九三条一項三号）

(ii)　第二次改正法（一九六三年一二月三日法律一四九九号）

上記特別上告制の廃棄と上告理由の修正等

＊　特別法の制定

(i)　民事訴訟に関する臨時措置法（一九六一年六月二一日法律六二八号）

①　期日変更の制限

②　仮執行宣言の原則化および国家が被告になった場合、訴訟においては仮執行宣言の禁止

(ii)　仲裁法（一九六六年三月一六日法律一七六七号）

一九六〇年廃止された仲裁法の復活

(iii)　簡易手続による民事紛争事件処理特例法（一九七〇年三月一六日法律二二五四号）

＊　配当要求における平等主義の相対的制限（同法五条）

(iv)　少額事件審判法（一九七三年二月二四日法律二五四七号）

少額事件に関する迅速な簡易裁判手続である

(v)　訴訟促進等に関する特例法（一九八一年一月二九日法律三三六一号）

民事訴訟に関する臨時措置法の廃棄に代わる大幅な補完改廃を行った。

①　訴求債権の遅延損害金に対する法定利率の高率化
②　許可上告制の採択（上告の防止）
③　弁護士報酬の訴訟費用算入
④　原審裁判長の上訴状審査権
⑤　少額裁判制度の改善
⑥　刑事訴訟手続に付帯する賠償命令制度の導入

なお特別法の制定に加えて注目すべきことは、一九八三年九月一日から制定、施行された民事訴訟規則の主要内容である。

(i)　訴訟救助決定を受けた場合、訴訟費用の国庫立替
(ii)　当事者の事前調査整理義務および争点明確化義務
(iii)　訴訟終了宣言の明文化
(iv)　要約準備書面制の新設と準備手続の補完
(v)　弁論の速記・録音方式の具体化
(vi)　期日変更の制限
(vii)　証人不出席の場合の申告義務
(viii)　簡易送達及び弁護士相互間の送達
(ix)　準備手続を経た事件に対する継続審理主義
(x)　期日前の証拠調査

しかし、その間韓国社会は全般にわたって急激な変化と発展によって訴訟事件の顕著な増加と共に訴訟の慢性化、遅延化、強制執行の機能低下ないし沈滞化の病弊が顕著に表れてきたために、訴訟の促進と簡素化を目指す民事訴訟法の全面的改正が要望された。

韓国政府（法務部）では、一九八四年四月に法曹実務界と法学界の専門家による民事訴訟法改正特別委員会を設置して、これまで民事訴訟を特別法の制定によって部分的に改正補完を行ってきたのを民事訴訟法典の中に吸収させると共に、判決手続と強制執行手続の全般にわたる画期的改正を断行して、名実共に民事訴訟手続の基本法としての位置を確保させた。この改正案は一九八九年末に国会を通過して、一九九〇年九月一日から施行された。

二　内　容

一九九〇年の改正の主要内容は次の通りである。

1　民事訴訟法一条に「裁判所は訴訟手続が公正、迅速かつ経済的に進行するように努力するべきであり、当事者と関係者は信義に従い誠実にこれに協力すべきである」とする規定を新設することによって、民事訴訟の理想と信義則を明文化した。

2　訴訟当事者の便益のため、勤務地の特別裁判籍と小切手に対しても、手形と同じ特別裁判籍を規定すると共に、航空機事故による損害賠償の訴えの到着地の特別裁判籍と共同訴訟に対しても関連裁判籍が認められる要件を新たに規定した。

3　訴訟費用と訴訟救助においては、訴訟費用担保提供を保証保険証券または金融機関の支給保証書等の提出によってもできるようにして、訴訟費用担保提供方式を改善し、また訴訟救助要件の緩和及び救助の範囲拡大と弁護士報酬を訴訟費用に含める規定を明文規定した。

4　釈明義務の拡大（民訴法一二六条の釈明権条項に四項を新設して「法院は、当事者が明白に看過したと認められる法律上の事項について当事者に意見陳述の機会を与えなければならない」と規定することによって、法的観点の指摘義務を明文化した）、公正証書による証言制、証拠保全手続において訊問した証人の弁論における再訊問制を規定した。

5　提訴前の和解における代理人選任権の委任禁止を規定することによって当事者の訴訟追行能力の不平等を実質的に補い、また訴訟追行の便宜を図る規定を置いた。

6　訴訟の迅速と公正を図るため、訴訟促進等に関する特別法に規定されてあった除斥・忌避権濫用禁止、弁護士選任命令に応じないとき、訴えまたは上訴却下、集中審理の宣言、仮執行宣言の原則化、原審裁判長の上訴状審査権、各種調書及び決定命令等の記名捺印代替、支給命令に対する既判力の排除の規定を民事訴訟法典の中に規定した。

第二節　一九九四年の司法制度全般にわたる改正と上告審手続に関する特例法の制定

一　背　景

大法院においては、一九九〇年の民事訴訟法の全面的改正後まもなく今度は社会与件の変化に対応して司法制度及び裁判制度を革新することを試みた。即ち、国民の権益を保障し、国民のための司法として国民の便益を増進するとともに裁判の独立を一層確実に保障できる制度的装置を作ることによって司法に対する国民の信頼を高めるために、一九九三年一一月三日法曹界、学界、国会、言論界及び社会団体を代表する三二名を委員とする汎国民的司法制度発展委員会を構成して、三個の分科委員会に各々、法院組織、法官人事、裁判制度と手続に関して十分討議させて、その結果を全体会議で審議し、一七個の事項にまとめ司法制度改革案を一九九四年二月一六日に大法院長に報告した。大法院長は、同委員会の作成した司法制度改革法案を全面的に受容して国会に提出し、その議決を経て法院組織法中改正法律、各級法院判事定員法中改正法律、各級法院の設置と管轄区域に関する法律中改正法律、法官の報酬に関する法律中改正法律の改革法律と上告審手続に関する特例法が一九九四年七月一四日公布され、同年九月一日から施行された。

二　内　容

一九九四年の司法制度に関する改正の内容は次の通りである。

1　法院組織中改正法律

(1)　行政法院の新設　従来、高等法院が第一審行政訴訟事件を担当したものを改めて、地方法院級の行政法院が担当するようにすることによって行政訴訟事件に対しても三審制度を採択した。なお行政審判の前置を任意的なものに変えた（法組三一条但書削除）。

(2)　特許法院の新設と技術審理官制度の導入　従来、特許、実用新案、意匠等の産業、財産権訴訟に関しては、特許庁の審判及び抗告審判を経て大法院に上告するようにすることによって法院の審判が単審であった。改正法律では特許庁の審判を経た後、高等法院級の特許法院が第一審としてこれを審理した後、大法院に上告するようにすることによって二審制を採択した（法組二八条、一四）。なお特許法院には技術審理官制度を導入して技術審理官を訴訟審理に参加させ、技術的事項について訴訟関係者に対して質問することができるようにし、また裁判の合議においても意見を陳述することができるようにした。

(3)　市・郡法院の設置　従来、地方法院及び家庭法院の事務の一部を処理するために、その管轄区域内に設置してあった巡回審判所を市・郡法院に改変、新設した。

2　法院の人事制度の改正法律

(1)　予備判事制度の新設　　判事の任用資格を強化して司法府に対する国民の信頼を高めるために、判事を新規任命する場合、二年間予備判事に任命した後、勤務成績を参酌して判事に任命する。予備判事は各級法院で事件の審理及び裁判に関する調査・研究業務を担当する。

(2)　司法補佐官制度の導入　　司法業務の能率的処理と人力確保のために従来の法院調査官、家事調査官及び少年調査官を吸収して、司法補佐官制度を導入した。司法補佐官は判事の事務中裁判以外の事務、裁判資料の蒐集その他事件処理に必要な調査業務を行う。

(3)　法官職級の廃止　　従来、高等法院長、地方法院長、家庭法院長、高等法院、地方法院及び家庭法院の部長判事、高等法院判事に対して規定されていた別途の任用資格基準を削除して、法官には大法院長、大法官と判事の職級だけを認めた（法院組織法四二条）。

＊　法官の職級を廃止することによって法官の昇進に対する負担を除去して身分保障を実質化すると共に、経歴法官の退職を防止して完熟した法官による裁判を達成するのに意義がある。

(4)　その他法院の地位と権限の強化　　大法院長に法院の組織、人事、運営、裁判手続、登記、戸籍その他法院業務に関連する法律の制定または改正が必要と認められた場合、国会に意見を提出することができる制度を新設した(法院組織法九条三項)。なお法院の予算を編成する時には司法部の独立性と自立性を尊重しなければならないと規定し(法院組織法八条二項)、他の国家機関から法官の派遣勤務を厳格に制限した（法院組織法五〇条）。

3　上告制度の改善については大法院の法律審としての本来の業務と機能を適切に遂行することができるようにするには、下級審の事実認定の当否の判断は下級審の役割にして、大法院業務の負担軽減を図る必要がある。

(1)　韓国民訴法における上告制限の沿革

(イ)　一九六一年から一九八一年までは、上告審を法律審とすることによって法律違反だけを上告理由に制限した。しかし法律違反を理由として掲げる限り、上告が制限なく認められた。その結果、濫上告が頻発して、大法院の負担加重を招き、その機能を十分発揮することができなかった。

(ロ)　一九八一年三月一日訴訟促進等に関する特例法によって許可上告制度（①憲法違反、②命令、規則、処分の法律違反、③法律、命令、規則または処分に対する大法院判例に相反する場合に限って権利として上告することができ（権利上告）、上記の①②③に該当しないその他の法律違反の場合は、大法院の裁量による許可を得た場合に限って上告できるようにする（許可上告））が新設された。

＊　この許可上告制度の施行によって大法院の負担が軽減され訴訟促進に多くの寄与をした。

(ハ)　一九八九年国会に提出された民事訴訟法の全般的改正案の審議において、改正法案に含まれていた許可上告制度は、在野法曹の反対を克服することができず、国会を通過することに失敗して一九九〇年改正民訴法の施行と共にその効力を喪失して一九八一年以前の過去の状態に戻った。

㈡　上告手続に関する特例法は、上述した司法制度と共に一九九四年七月二七日に公布され同年九月一日から施行された。

(2)　特例法における上告審改革の内容

「上告審手続に関する特例法」における上告審の改革においては、重大な法令違反に関する事項（①憲法違反、②命令、規則、処分の法律違反、③法律、命令、規則または処分に対する解釈の大法院の判例違反、④法律、命令、規則または処分に対する大法院判例がない場合、または大法院判例を変更する必要がある場合、⑤上記の①②③④の他に重大な法律違反がある場合、⑥民訴法三九四条一号ないし五号（絶対的上告事由）が上告理由に含まれていないか、含まれている場合にも上告理由それ自体によって理由がないか原審判決に影響を及ぼさない場合は、審理不続行事由になり、これを理由として上告棄却判決を行い、この判決には理由を記載しないこともできまた宣告なしに送達によって効力を発生するという内容の上告審理不続行制を採択し、一九九四年一月一日から施行することにした。この特例法の採択の結果、実質的に上告理由を制限することによって上告審の負担を軽減し、上告審の法律審としての機能回復と訴訟の促進を図った。

第三節　今回（一九九八年度）の民事訴訟法改正案の成立

一　一九九〇年の民事訴訟法の全面的改正と一九九四年の司法制度全般にわたる改革(主に法院の組織、人事制度、上告制度の改善)は、新しい時代に相応した司法制度の骨組みを新しく組立てた点で高く評価すべきである。特に上記の改正は訴訟促進もその主眼とするものの一つであったが、重症化する訴訟遅延の弊害への対応策としては期待した成果をもたらさなかった。そこで裁判実務の側から新たな審理充実方策が模索され、立法措置に先立って集中審理方式に関する論議が活発となった。訴訟手続の規律をもっと国民に利用しやすく、わかりやすいものとし、訴訟遅延の弊害も取り除くための実務改革の気運が盛り上がった。これに応えて一九九四年八月に大法院に司法政策研究室を新設し、その重要な研究課題を民事訴訟法の改正作業に決めた。一九九五年四月に実務界と学界を網羅した一三人の委員によって構成された「民事訴訟法改正着眼点提案を作成する特別委員会」を発足させて、同年一一月まで七次にわたってまず訴訟手続編に対する改正着眼点についての提案を綿密に議論して、同年一二月に「訴訟手続改正着眼点」と題する報告書を発刊し、実務界と学界に配布してその意見を要請した。この要請に応じて韓国民訴学会をはじめ、大韓弁護士協会、各級法院から賛反ないし修正意見が数多く提出された。

二　一九九六年九月大法院司法政策研究室では、学界、実務界（法院、検察庁、弁護士）を網羅した一五人の委員で「民事訴訟法改正委員会」を構成し、上述の民事訴訟法改正の着眼点とそれに対する各界の意見を収斂した資料を基礎にして民事訴訟法改正案の審議を行い、一九九七年二月まで十次にわたる会議を開催して「民事訴訟法（訴訟手続編）改正事項」を公刊した。

三　「民事訴訟法改正案」は、上記の改正事項に基づいて条文作成と共に民事訴訟法を国民に利用しやすく、わかりやすいようにするための条文の文章表現の修正作業が終了した後、公聴会を開催して、修正補完し、大法官会議の審議を経て、最終的に国会に提出する改正案が確定する予定になっている。

第二章　一九九八年度改正案の内容

第一節　新訴訟手続

一　総　説

現行審理方式においては、訴えの提起後第一回弁論期日までの間、事実上何の訴訟準備も行われず、時間が浪費されている。訴訟審理においても随時提出主義と当事者の非協力、法院の無関心等によって訴訟事件が焦点を失って漂流し、争点整理の方法、証拠調査の時期等においても手続が弾力性を失っている。控訴審においても新しい主張と証拠の提出において事実上何らの制限がなく第一審の裁判が形式化、形骸化して控訴率が増加している。

改正法における新訴訟手続においては、訴えの提起から第一回弁論期日の間に争点整理を徹底させ、訴訟審理においても当事者の協力と法院の関心の傾注によって能率的、弾力的に行われるように改正を図った。なお控訴審においても現行法の続審構造を維持しながらも第一審判決による厳格な失権的効果により控訴審における新しい攻撃防御方法が制限されるようにし、第一審の強化を図った。

二　訴状提出

訴えの提起は、原告が訴状を管轄裁判所に提出することによって行われる。訴状の記載には、訴訟主体と訴訟客体を特定しなければならない。訴訟客体の特定は、請求の趣旨と請求の原因の記載から訴訟客体の同一性が識別される程度で足りるとする同一識別説が通説となっている。訴訟実務においては、この他にも訴状を準備書面として兼用させる場合が多い。訴状が準備書面を兼ねる場合には、訴訟客体を特定させる請求の趣旨と原因のほかに「請求を理由づける事実」(請求原因事実)、「提出する証拠の要旨及び主張と証拠との関係」、「被告との交渉に於いて現れた争点の核心」、を記載し、「将来の訴訟の進行に必要な事項」も記載することができた。なお「すべての書証も付加え、必要な証拠申請」も可能であった。

新訴訟手続においては、現行法の随時提出主義と当事者の非協力、法院の無関心等によって訴訟遅延の弊害が生じることを防ぎ、早期に争点整理を充実させるために、一九九一年一二月三〇日に民事訴訟法規則四九条ノ二を新設して、「裁判長は訴状の審査において、原告に対して請求の原因に対応する証拠方法を具体的に記載して提出するように命ずることができる。原告が訴状に引用した書証の謄本を付加えない場合には、その謄本の提出を命ずることができる」と規定することによって、訴訟実務において原告により任意に行われていたのを裁判長の訴状審査において原告に強制することができるようになった。

三　裁判長の訴状審査と答弁催告

1

現行法上、訴状調査の対象になるのは、訴状に必要な記載事項が具備されているか、所定の印紙が貼られているかという形式的事項についてなされ、これらに不備があれば裁判長は原告に対して相当な期間を定めて、補正を命じる（韓民訴法二三一条）。新訴訟手続において、特に注目すべき点は、補正命令において請求の原因に対応する証拠方法を具体的に記載して提出するように、訴状に引用した書証の謄本を提出するように命ずることができる。なお必要な証拠申請をすることができることを告知することである（民訴規則四九条ノ二〈本条新設一九九一年一月三〇日〉）。

2　訴状審査において、訴状の要件を具備していると判断されたときには、被告に訴状の副本を送達する。訴状の副本を送達するに際して、改正案では被告が原告の請求を争う場合は、訴状の副本の送達日から三週間以内に答弁書を提出しなければならないことと必要な場合は証拠申請をするように被告に催告しなければならない（改正案二三二条ノ二）。

なお裁判長は、訴状の副本を送達する際に被告が訴状副本送達時から三週間以内に答弁書を提出しない場合と、被告が答弁書に原告主張事実を全部自白する趣旨を陳述し、他に抗弁を提出しない場合には、弁論なしに原告の請求を認め、無弁論判決を宣告する期日を通知することができる(改正案二三二ノ三、三項)。

四　無弁論の請求認容判決

1　被告が公示送達以外の適法な送達を受けた日から、三週間以内に原告の請求を争う趣旨の答弁書を提出しない場合は、原告が訴状で主張した事実を自白したものとみなして、原告の期日出席の負担を省き、訴訟の促進と法院の負担軽減を期するために期日を開くことなく弁論なしに請求を認容する判決を下すことができる。但し、職権調査事項があるか、法院が当事者の主張に拘束されない事件、例えば共有物分割、境界確定等の訴訟の場合、特に判決宣言日まで被告が原告の請求を争う趣旨の答弁書を提出した場合は、裁判の適正を図り無益な控訴を防止するため、無弁論請求棄却判決を行わな

いで弁論を経て判決すべきである（改正案二三二条ノ三、一項）

2　被告が原告の主張事実を全て自白する趣旨の答弁書を提出し、他に抗弁を提出しない場合、または被告が答弁書で提出した抗弁が原告の請求を排斥する法律上正当な事由に値しない場合も、弁論なしに請求容認判決を下すことができる（改正案二三二条ノ三、二項）。

＊　被告の擬制自白または自白の場合に原告の請求を一部認容すべきであると判断された場合には、無弁論一部請求認容判決を下すか、あるいは審理を進行させて原告に主張・立証の機会を与えるべきかは法院の判断に任せる。

＊　無弁論請求棄却判決制度の不採択

「期日（争点整理期日または弁論期日）を開く前まで記録（訴状、準備書面等）上、原告の請求理由がないことが明白な場合には、弁論なしに請求棄却判決を行うことができる」とする規定を新設する提案があったが採択されなかった。

理由は、①この制度によって判決する事件がごく少ないことと予想される。少額事件審判法（同法九条）にこの制度があるが、ほとんど利用されていない。②主張事実に対する立証資料不足の理由で弁論なしに棄却するのは不当である。③控訴審にもこの制度が準用されたら原告に苛酷である。

＊　無弁論判決に対する不服方法は、異議申請と控訴があるが、大部分の場合、無弁論判決に対する不服は擬制自白による判決に対応するのに活用されることが予想されるので、より容易な不服方法である異議申請を認めると被告による訴訟遅延の手段に悪用される可能性もあるので、控訴の方法によるようにするのが妥当である。従ってこれに対して別に規定する必要がない。

五　争点整理手続

1　争点整理手続の強化の目的

現行法上においては、訴えが提起されると遅滞なく弁論期日または準備手続期日(事件が複雑な場合)を指定して、双方当事者を召喚するよう規定されている(韓民訴法二三三条)。従って、訴えの提起後弁論期日または準備手続期日を指定することなく、準備書面の交換等の方法によって手続を進行させることは禁止されていると解することができる。

なお現行法上の準備手続制度は、有名無実なものであるので、これを活性化、実質化するためには、①争点整理手続の単独事件までの拡大、②必要な場合、争点整理法官の証拠決定および証拠調査、③争点整理法官の証拠決定に関する異議に対する合議部の裁判、④裁定期間の導入と幅広い弁論期日前の証拠調査活用等の改正の必要性を切実に感じていた。

また訴訟の実務においては、訴訟の初期に弁論期日を開いてもただ準備書面の交換とその陳述、証拠申請だけで期日が進行されるのが通例になっているので、期日が指定されることによってかえって次の期日まで期間の付与を受けたように認識され、手続の進行がなお遅延されがちな傾向もあった。

改正案においては弁論期日指定前に単独事件まで含めて、書面による争点整理方式と争点整理期日方式のうち一つまたは二つを順を追って併用して、争点を鮮明に浮彫りにして集中審理を可能にさせ、和解が促進されるようにした。なお争点整理後、調停による解決が望ましい事件については、調停に回付することによって調停制度の効率的運用を期することも可能にした。

2　争点整理手続総説

(1)　被告の答弁書が提出された後、法院は無弁論判決をすべきか否かを確認した後、例えば争点が単純明瞭な事件、すでに争点が明確に整理された事件、公示送達事件のように争点整理手続を経る必要がないと認めた場合は、遅滞なく弁論期日を定めて、当事者を召喚しなければならない。争点整理手続を経る必要があると認めた場合は、単純事件まで含めて遅滞なく争点整理手続に回付しなければならない。

(2)　争点整理手続においては、弁論が効果的、集中的に実施されうるように、当事者の主張と証拠を整理して、訴訟関係を明瞭にしなければならない。

(3)　現行法上の準備手続に関しては、弁論開始前に争点整理手続を行うのが原則であるが、新訴訟手続においては弁論手続に入った後においても特別な事情がある場合、例えば訴えの変更、反訴の提起等によって事件が複雑になった場合には、弁論期日後にも争点整理手続に回付できることになっている。

(4)　合議事件において争点整理手続に回付すること及び争点整理を担当する法官（以下争点整理法官という）を指名することは、単純な訴訟指揮以上の意味があるため、裁判長の権限でなく法院の権限に属する。

(5)　合議事件においては、法院は部員に争点整理手続を担当させるようにするが、例外的に受託判事を指定して争点整理手続を担当することができるようにした。

(6)　争点整理手続は、「書面による争点整理方式」または「争点整理期日方式」のいずれかによって行われる。

3　書面による争点整理方式

(1)　被告の答弁書が提出された後、法院は無弁論の判決をするか否かを確認し、争点整理手続を経る必要が認められる場合に、書面による争点整理方式と争点整理期日方式のうち、書面による争点整理方式によって争点整理を行うのが妥当であると判断したときには、書面による争点整理手続に回付する。具体的には事件の性質によって書面による争点整理方式によって争点整理を簡単に早期に済ませ、即時に争点整理期日方式によって争点を整理することも考えられる。

(2)　書面による争点整理方式は、継続的に準備書面を交換し、必要な証拠申請をし、争点整理法官が必要と認めた場合、適切な時期に書面による釈明権を行使し、証拠申請を促求する方法によって争点を整理する。また和解を勧告することができる。

(イ)　争点整理法官は、一定の主張の提出、証拠申請に関して裁定期間を定めることができ、その期間を経過すると原則的に失権の効果が発生する。

(ロ)　書面による争点整理の過程で被告が争点全部について自白した場合は、無弁論請求認容判決を行うことができる。但し、書面による争点整理の過程で訴訟記録上、原告の請求が理由がないことが明白になった場合においても、無弁論請求棄却判決は認められないことは上述した。

(3)　事件が書面による争点整理手続に回付された後、当事者が争点整理法官の定めた期間内に準備書面を提出しないなど、その他これ以上新しい主張が提出されないとき、または争点整理期日が指定されず、二ヶ月が経過した場合には、書面による争点整理手続を終了させ、争点整理法官の判断によって口述による争点整理が必要な事件については争点整理期日を（改正案二五三条ノ三）、争点が単純明快な事件や、すでに争点が明確に整理された事件等については裁判長が弁論期日を指定しなければならない。

4　争点整理期日方式

(1)　被告の答弁書が提出された後、法院が無弁論判決をするか否かを確認し、弁論期日を指定する前に、争点整理手続において書面による争点整理方式よりも争点整理期日方式によるのが妥当であると判断した場合、または事件を争点整理手続に回付した後、書面による争点手続期間も含めて三ヶ月が経過するか、その他書面による争点手続においてこれ以上新しい主張がない場合に、書面による争点整理手続を終了して、争点整理期日方式によってより徹底した争点整理が必要と判断された場合には、即時に争点整理期日を指定して争点整理期日方式による手続が開始される（改正案二五三ノ三）。

＊　争点整理期日方式による争点整理が弁論期日における争点整理と比べ長所がどこにあるのかという疑問がある。争点整理期日制度は、①非公開の場所で争点整理法官と当事者が事件の争点と訴訟の進行について自由に議論するため、当事者の協力を得やすく、またこの制度によって和解が成立する可能性が高くなる。②争点整理段階で必要な場合、争点整理法官によって証拠決定と証拠調査が行われるので、証拠の整理と調査が弾力的に、迅速に行われるだけでなく、合議部法官全員がその証拠調査に関与する必要がないこと等を挙げることができる。

(2)　争点整理期日が指定されると、争点整理法官は双方の当事者(当事者は争点整理法官の許可を得て争点整理期日に第三者と共に出席することができる。改正案二五三条ノ五)、代理人と共に、①訴状と答弁書、準備書面及び釈明によって最終的争点及び証拠の整理、②和解の勧告、③弁論期日進行等を協議する。

＊　書面による争点整理方式を用いた争点整理が先行された場合は、書面による争点整理の結果とその間の証拠申請の結果に基づいて争点を圧縮し、不必要な証拠申請を撤回させて、さらに相手側に対して釈明を求めると同時に、釈明に対する答弁と証拠申請の内容を中心に（争点整理期日及び）弁論期日の進行に関して協議する。

(3)　争点整理法官は、効率的争点整理と迅速な裁判進行のために、必要と認められる場合は争点整理段階においても自ら当事者の証拠申請に対する採否決定をし、証拠の内容、証拠調査の所要時間等を参酌して証拠調査（例えば文書送付、測量、嘱託、賃料鑑定、身体鑑定等）を行うことができる(改正案二五三条ノ四、一項)。但し、証人訊問は、韓民訴法二八四条の各号の一に該当する場合に限って行うことができる（改正案二五三条ノ四、二項)。

＊　韓民訴法二八四条（受命法官、受託判事による証人訊問）　次の場合には受命法官または受託判事をして証人を訊問することができる。

1　証人が正当な事由により受訴法院に出席することができないとき

2　証人が受訴法院に出席するには過多な費用または時間を必要とするとき

3　その他相当な理由があり当事者の異議がないとき

(4)　争点整理法官は、争点整理に必要であると認める場合には、証拠決定をすることができる。合議事件の場合、この証拠決定に対する当事者の異議については、韓民訴法一二八条の準用により、法院（合議部）が裁判する（改正案二五三条ノ四、二項)。

＊　韓民訴法一二八条（合議体による監督）　当事者が弁論の指揮に関する裁判長の命令または一二六条(釈明権、求問権)、一二七条（釈明準備命令）の規定による裁判長または合議部員の措置に対して異議を申立てた際には、法院は決定によってその異議に対して裁判する。

(5)　書面による争点整理手続の場合と同様に、争点整理法官は必要と認める場合に一定事項の提出に関して裁定期間を定めることができ、この期間を徒過したときは原則として失権的効果が発生する。その他争点整理期日の進行とその期日における訴訟行為等については、現行法上の準備手続期日に関する規定に服する（釈明、双方不出席取下げ看做等)。

(6)　争点整理法官は、双方の当事者に対して積極的に和解を勧告するか(韓民訴法一三五条)、または事件の内容と程度を考慮して調停担当判事の調停に回付することができるようにして(韓民訴法六条)、和解、調停を活性化させ、訴訟遅延を防止する。和解が成立しないか、調停が成立しないため訴訟に復帰したときは、即時に裁判長が弁論期日を指定する。

(7)　原則的に争点整理期日が終了すると失権的効果が発生するので、当事者は整理された争点について必要な主張と証拠申請を最終的に整理し提出しなければならない。

(8)　争点整理期日は全体的に書面による争点整理の期間を含めて三ヶ月を経過するか、または当事者が争点整理法官の定めた期間内に準備書面を提出しないか、争点整理期日に出席しないときは、争点整理法官は争点整理手続を終了しなければならない。但し、争点整理を継続しなければならない相当な理由がある場合はこの限りでない(改正案二五七条)。争点整理手続が終了したと判断されたら、裁判長は即時に弁論期日を指定しなければならない(改正案二三三ノ二項)。

5　争点整理の効果（失権的効果）

(1)　当事者は弁論において争点整理手続の結果を陳述しなければならない。

(2)　書面による争点整理手続において書面に記載されていない事実は、相手側が出席していない場合には、弁論においてこれを主張することができない。但し、書面による争点整理手続を経る必要がないと認められた場合はこの限りでない（改正案二三三条ノ二、一項）。

(3)　争点整理期日手続を経た事件においては、その期日が終了すると原則的に攻撃防御方法の失権的効果が発生する。失権的効果の例外事由は、現行準備手続終了の場合と同じく、①職権調査事項、②顕著に訴訟を遅延させない事項、③重大な過失なく争点整理期日まで提出できなかった事項である(改正案二五九条一項)。また裁定期間を定めた事項については、その期間を経過すると原則的に失権効果が発生するが、上述の例外事項は同一に適用される(改正案一三六条ノ二)。なお訴状または争点整理手続前に提出した事項も失権的効果の例外となる（改正案二五九条三項)。

6　適時提出主義と裁定期間制度

(1)　改正目的と内容

現行法は、攻撃防御方法の提出時期について随時提出主義の原則を採択し(韓民訴法一三六条)、例外的に失機するか釈明に応じなかった攻撃防御方法の却下(同法一三八条)、準備手続を経た場合に新しい主張の制限（同法二五九条）等を規定しているので、随時提出主義を採る現行法の下でも法院の適切な訴訟指揮に当事者が積極的に協力すれば訴訟を円滑かつ迅速に行うことが不可能ではない。

しかし訴訟の実務においては、当事者の協力不足により訴訟が遅延しており、一部の当事者の中には随時提出主義の原則を根拠にして訴訟の遅延を図っている者もあるのが実情である。失機した攻撃防御方法の却下も法律上法院の裁量に任されているので、実務上失機した場合にも適切に却下されることは稀である。現在においては裁判長や受命法官が準備書面の提出期間を定めることができるとする規定（同法二四七条、二五六条）の他には、手続の迅速な進行のための一般的裁定期間制度も存在しない。

改正案では訴訟の進行に協力する義務がある当事者としては攻撃防御方法を訴訟の進行に応じて適時に提出するのが原則であるため、その提出時期に関する理念的方向として適時提出主義を採択した。また随時提出主義の違反による失権効については、現行法上の失機した攻撃防御方法の却下(同法一三八条)は、上述したように実務上活用されていないので、これだけでは不充分である。裁判長が特定の主張の提出または証拠申請を行う期間を定めて、その期間に違反した場合は訴訟を遅延させないか、やむをえない事由があるときを例外として必ず却下することにする裁定期間制度を採択した（改正案一三六条ノ二)。

適時提出主義と裁定期間制度があいまって訴訟手続の迅速かつ弾力的進行が可能となり、集中審理制度実現の前提となる。この裁定期間の違反に対する失権効は、控訴審まで及ぶので訴訟審理の第一審集中の効果も得られることと予想される。

(2)　改 正 条 文

(イ)　第一三六条（適時提出主義）　攻撃または防御の方法は、訴訟の程度に応じて適切な時期に提出しなければならない。

(ロ)　第一三六条ノ二、一項（提出期間の制限）　裁判長は、当事者の意見を聞いて、一方または双方の当事者に対して、特定の事項に関して主張の提出または証拠の申請をする期間を定めることができる。

(ハ)　第一三六条ノ二、二項（提出期間不遵守の効果）　当事者が第一項の期間を経過したときは、これを提出することができない。但し、その提出により訴訟の完結を遅延させないとき、または当事者がやむを得ない事由によりその期間内に提出ができなかったことを疎明した場合はこの限りではない。

7　和解の勧告と書面による和解

(1)　改正目的と内容

訴訟の実際においては、法院、受命法官、受託判事が単純に口述による和解を勧告したとき（韓民訴法一三五条）、微妙な部分において意見の一致に到達しなかったり、もし裁判を継続する場合、和解よりも相対的に有利な判決を受けることができるだろう、との漠然たる期待により和解に応じない場合が稀ではないのが実状である。このような状況の下で改正案においては、法院、受命法官、受託判事が職権で当事者の利益、その他すべての事情を考慮して原告の請求趣旨に反しない範囲で和解の条項を書面化して、決定による裁判の方式により和解勧告の内容が法院の明示的、公開的判断であることを表示し、不服とする場合は二週間以内に法定手続（異議の申請）を採るようにすることによって、その勧告の権威と公正性に対する信頼を当事者に与えて和解勧告の成功率を高めようとした。

＊　現行法上、改正案のような法院の決定による和解勧告の効果と同様な効果を得る手続としては、受訴法院が事件を調停に回付する決定をして(民調法六条)、当事者双方に対して調停期日の召喚をし、その期日に調停担当判事が当事者間の合意事項を調書に記載して調整（和解）を成立させるか、または当事者の合意が成立しない場合は、職権によって当事者の利益その他すべての事情を考慮して、原告の請求趣旨に反しない範囲で事件の公平な解決のための決定をする、いわゆる「受訴法院の職権による調停決定」を当事者に送達しても当事者が送達を受けた日から二週間以内に異議を申立てない場合、調停（和解）が確定する（民調法七条二項三項、三〇条、三四条）、いわゆる「調停に代わる決定」の方法によって拘束力ある調停勧告（和解勧告）がある。

改正案における法院の決定による和解勧告制度は、上述のような調停ないし職権調停の複雑な手続を経ることなく訴訟進行中に何時でもこのような和解勧告ができるようにした。このような和解勧告制度を新設することによって和解勧告の手続が訴訟手続と有機的に関連を持つことになり、迅速かつ融通性のある手続となる効果がある。

(2)　改正案条文

第一三五条ノ二（決定による和解勧告）

①　第一三五条（和解の勧告）の場合、法院、受命法官、または受託判事は職権で当事者の利益その他すべての事情を参酌して、原告の請求趣旨に反しない範囲内で事件の公平な解決のための和解勧告決定をすることができる。

②　第一項の決定には、当事者に勧告する和解条項を表記し、第一項の趣旨を記載しなければならない。

③　当事者は第一項の決定に対してその決定の正本の送達を受けた日から二週間の不変期間内に異議を申請することができる。但し、決定正本が送達される前にも異議を申請することができる。

④　第二項の期間内に異議申請があるときは、法院、受命法官または受託判事は、異議申請の相手側に即時にこれを通知しなければならない。

⑤　法院、受命法官、受託判事は、異議申請が不適法であると認めたときは、決定で異議申請を却下しなければならない。異議申請が不適法であるにもかかわらず、受命法官、受託判事がこれを却下しないときには、受訴法院が決定でこれを却下する。

⑥　第五項の決定に対しては、即時抗告することができる。

⑦　異議申請をした当事者は、その審級の判決が宣告されるときまで、相手側の同意を得て異議申請を取下げることができる。この場合、第二三九条（訴えの取下げ）第三項ないし第六項を準用するのであるが、〝訴え〟は〝異議申請〟とみなす。

⑧　次の各号の一つに該当する場合に、第一項の決定は裁判上の和解と同じ効力がある。

1　第三項の規定による期間内に異議申請がないとき

2　異議申請が取下げられたとき

3　異議申請に対する却下決定が確定されたとき

8　書面による和解、認諾、放棄の意思表示

(1)　改正目的と内容

現行法においては、和解、認諾、放棄を行うには当事者が準備手続期日または弁論期日に出席して、その趣旨を必ず口頭で陳述しなければならず、その趣旨の書面の提出では、その成立を否定する説と、欠席した当事者が書面提出によってその趣旨を表明した以上、期日出席の労力、時間、費用を省くために陳述擬制制度の趣旨を考慮して書面陳述によるその成立を肯定する説が対立していた。判例は否定説であるが、学説は肯定説が通説であった。今度の改正案は通説に基づいて改正案一三七条二項を新設し、立法的に解決した。

＊　韓民訴現行法一三七条（当事者一方の不出席）　原告または被告が弁論期日に出席しないか、または出席しても本案弁論をしなかったときは、その提出した訴状、答弁書その他準備書面に記載した事項を陳述したものとみなし、出席した相手側に対して弁論を命ずることができる。

(2)　改 正 条 文

第一三七条二項新設

第一項の規定によって当事者が陳述したものとみなす。答弁書その他準備書面に和解、請求の放棄または認諾の意思表示が記載されたときは、法院はその趣旨に応じて訴訟を終結しなければならない。

＊　改正案一三七条二項の書面による場合、その意思の真正を確認する方法は、大法院規則によって適切に規定されなければならない。

第二節　控訴審の審理

一　更新権の制限

1　改正理由　現行法の控訴審における更新権

現行民事訴訟法における控訴審も事後審でなく続審であるので、準備手続の終了、第一審の弁論終結による失機した攻撃防御方法に対する失権的効力は控訴審においてもそのまま維持されると解する。しかし訴訟実務においては、控訴審においても当事者はほとんど無制限に新しい主張と証拠を提出しており、法院もまたこれを許容しているのが実状である。従って、当事者や訴訟代理人は第一審の審理に集中することなく、第一審においては適当に結論を出して、控訴審において本格的に補充するという態度をとっているので、第一審判決はますます形式化、形骸化され、控訴率も高くなり訴訟遅延を招いている。

2　改正案

(1)　改正案においても、現行法と同じく第一審で提出しなかった攻撃防御方法は、原則的にその攻撃防御方法の失権的効果が控訴審まで維持される。失権的効果の例外的事由は、(i)職権調査事項、

(ii)顕著に訴訟遅延させせない事項、(iii)重大な過失なく争点整理期日まで提出できなかった事項(この場合は第一審弁論終結時点までに提出できなかった事項)である(改正案三八〇条一項)。また裁定期間を定めた事項は、上述の(i)(ii)(iii)の失権的効果の例外的事由の留保をして、原則的に失権的効果が控訴審まで維持されると解される(改正案一三六条ノ二)。

＊　第一審で提出することができたが、提出しなかった攻撃防御方法を控訴審で提出することができるとすれば、①第一審における争点整理と審理集中を期待することが難しい。②なおこの場合争点整理期日手続を経た事件にだけ失権的効果を与えるとすれば、争点整理期日よりももっと重要な弁論期日を経た以上、必要な攻撃防御方法はすべて提出されたとみなすのが妥当であるから矛盾である。③改正案においては随時提出主義が原則であったが、適時提出主義の原則に変わったため、第一審で提出することができた主張や証拠申請を控訴審で提出することは適時提出主義の原則に反するから失権的効果を与えるべきである。

(2)　第一審での無弁論の判決に対する控訴審の場合は、失権的効果が発生しない(改正案三八〇ノ三)。

(3)　改正案においては失権的効果の例外事由を厳格に弾力的に運営する規定を新設する。

第一審において却下された攻撃防御方法も、実務においては、控訴審の審理を基準にして手続を著しく遅延させせない場合に該当するとして、失権効の例外を広く認めているのが実務の実状であった。しかし、このような実務の実状を認めると、実質的に訴訟遅延を理由とする却下はその意味を喪失することになる。改正案では、第一審で正当に却下された攻撃または防御方法は、控訴審で提出する新しい事情がない限り、再び提出することができないとする規定を新設した(改正案三八〇条二項)。

3　改正案条文

第三八〇条（攻撃防御方法の提出）

①　第一審で提出しなかった攻撃防御方法は、第二五九条第一項各号(争点整理手続の効果としての失権的効果例外事項）に該当するときに限って控訴審で新しく提出することができる。

②　第一審で正当に却下された攻撃または防御方法は、新しい事情がない限り、控訴審において再び提出することができない。改正案第三八〇条ノ三(弁論なしに判決した場合の例外)、第三八〇条(第一審で提出しなかった攻撃防御方法の控訴審での提出制限とその例外）と第三八〇条ノ二(控訴理由で示していない主張の弁論における提出禁止)は、第一審で弁論なしに判決した事件に対しては適用しない。

＊　控訴審構造における続審主義の維持

改正案においては控訴審の審理構造を第一審の審理を基礎にして、ここに新しい訴訟資料を追加し、事件に対して判断することによって、原審判決の当否を審理する続審主義を維持しながら、更新権の制限強化、控訴理由書提出制度の規定を新設した。控訴審の審理構造を第一審の訴訟記録を検査して、判決における事実の確定と理由の誤謬の有無を判断することによって原審判決の当否を審理する事後審主義制度への改正に対しては、次の理由で採択しなかった。

事後審主義に改正するにはその前提として

① 第一審の審理集中のために相当な経験のある判事が第一審（単独）判事に充員されなければならない。
② 第一審の裁判が国民の信頼を得る程度に強化されなければならない。
③ 第一審の審理集中と適切な控訴理由の提出のためには、弁護士強制主義を導入しなければならない。
④ 擬制自白事件、理由の記載のない少額事件に対する対策を講じなければならない。
⑤ 重複する法律審の浪費を避けるために、上告の対象を非常に制限しなければならない。

等の措置が必要であるが、現段階ではこれらの条件が成熟されているとは言えない。

二　控訴理由と審判の範囲

1　改正理由　現行法上では、控訴人が控訴を提起するとき、控訴状に第一審判決を表示して、その判決に対する控訴の趣旨を記載するだけで十分である（韓民訴法三六七条二項）。従って、原判決のどの判断に対して不服とするか、その不服の理由は何か、また原判決に対してどの範囲で不服とするのかの記載は要求されていないので、それを記載するかしないかは、当事者の任意に任されている。即ち、控訴状に不服の理由と不服の範囲を記載するのは、控訴の適否とは関係がない。

控訴状に不服理由と不服の範囲が記載されていないときは、控訴審法官は原審の記録を全部読み、自ら問題点を把握した後、弁論で当事者の陳述を聞いて控訴理由と控訴の範囲を確認して初めて、当事者の主張及び証拠申請が何であるかを知ることができる。従って、控訴審法官は、裁判の準備に多くの負担を負うことになり、能率的な審理を行うことができなくなる。

2　改正案

(1)　控訴理由制度の導入　改正案においては、控訴審理構造の続審制を維持しながら、控訴審法官の裁判準備の負担を軽減し、能率的、集中的審理を図るために、控訴理由書制度を採択した。即ち、①控訴を提起するためには控訴状に第一審判決の表示とその判決に対する不服申請の範囲と具体的不服理由ならびに新しく提出する攻撃または防御方法を記載しなければならない（改正案三七一条ノ二、一項）。②控訴状に控訴理由を記載しなかったときは、控訴法院事務官等から控訴記録の送付を受けた趣旨の通知を受けた日から一ヶ月以内に控訴理由書を提出しなければならない（同条二項）。

(2)　控訴理由書不提出の効果　控訴理由書を提出しなかったときは、控訴は決定で棄却されなければならない。但し、職権調査事項がある場合は例外とする（同条三項）。この決定に対しては、即時抗告を行うことができる（同条四項）とする規定を新設した。

(3)　控訴理由と審判の範囲　控訴理由に明示していない新しい主張と証拠申請は、弁論に提出することができない。但し、重大な過失なしに控訴理由に明示できなかったことを疎明したときには、提出可能である（改正案三八〇条ノ二）とする厳格な失権効の規定を新設した。

＊　無弁論判決と控訴理由書

無弁論判決に対する控訴状には、控告理由書の提出強制を適用すべきでないとの反論が強かった。その理由は、無弁論判決は主に擬制自白による原告勝訴判決であるが、判決の理由だけで不服の理由を把握することに難点があり、従って、控訴理由書提出の段階で特別の攻撃防御方法の提出を強制することは妥当でないので、失権効の適用を排除すべきであるとの主張があった。しかし、無弁論判決の場合でも控訴理由書制度を適用するのが、控訴審法官の負担軽減と訴訟促進に寄与する面があることを否定できないとの理由で採択されなかった。

3　改正条文

第三七一条ノ二（控訴理由書の提出）

①　控訴状に控訴理由を記載しなかった場合には、控訴人は第三六九条三項（控訴法院事務官等により控訴記録の送付を受けた趣旨を当事者に通知）の規定による通知を受けた日から一ヶ月以内に控訴理由書を提出しなければならない。

②　控訴理由に次の事項を明示しなければならない。

1　原判決に対する不服申請の範囲と具体的な不服理由
2　新しく提出する攻撃または防御方法
③　控訴人が第一項の規定に違反して控訴理由書を提出しなかったときは、決定で控訴を棄却しなければならない。但し、職権で調査すべき事由がある場合はこの限りでない。
④　第三項の決定に対しては、即時抗告をすることができる。
第三八〇条ノ二（控訴理由に明示していない主張）
第三七一条ノ二、二項（控訴理由書の記載事項）の控訴理由に明示していない新しい主張は、弁論に提出することができない。但し、重大な過失なく控訴理由に明示できなかったことを疎明したときはこの限りでない。

＊　控訴答弁書制度の不採択

控訴理由書制度を導入する際には、第一審で主張されていない新しい攻撃防御方法が含まれているとき、その他控訴人の第一審判決取り消し事由に対する被控訴人の主張を明白にするために必要であると認める場合、充実した審理のために被控訴人の対応主張を前もって整理する必要があるので、裁判長はこのような場合一定期間内に控訴理由に対する答弁書の提出を命ずることができ、答弁書の提出がない場合、または定められた期間内に提出されないときには、控訴理由書の場合と同様に失権効の制裁を科する規定を新設することによって控訴理由書と答弁書に基づいて審理を効果的、能率的に進行させることができるとの提案があった。しかし、この答弁書提出に対する提出命令とその裁定期日内の不提出に対する失権効の規定は、改正案一三六条ないし一三六条ノ二の一般規定の適用によって同様の効果を得ることができるため採択されなかった。

＊ 控訴の制限制度としての不服価格制度と濫上訴に対する制裁の不採択

・財産権上の訴えにおいて、控訴の不服価額が三〇〇万ウォンを超えない場合は、決定により控訴を却下することができる。その決定に対しては即時抗告することができるとする条文新設の提案があった。この提案に対しては当事者の不服権に対する重大な侵害であるとの理由から採択されなかった。

・控訴を却下または棄却する場合、控訴人が訴訟を遅延させる目的で控訴を提起したと認められたときは、控訴状印紙額の一〇倍以下の金額を法院に納入するよう命じることができるとする条文新説の提案があった。この提案に対しては当事者の控訴権を侵害するだけでなく、控訴法院の感情的対応の虞れもあるとの理由で採択されなかった。

三　反訴の活性化

１　改正理由と内容

現行法上、控訴審で反訴を提起するには相手側の同意を要する。しかし、相手側の立場では自己に不利な手続の開始に同意を好まないだけでなく、同意することが稀であった。

しかし、反訴制度の趣旨に照らして見ると、すでに本訴において反訴請求に関する部分も事実上審理されている状態の場合においては、相手側の同意を要することなく反訴を提起できるようにすべきである。なお相手側の同意を要するとしたのは、相手側の審級の利益を害する虞れがなければその同意の有無に関係なく反訴提起は許されるべきだからである。従来の通説と判例においてもそうであった。

２　改正案条文

第三八二条（反訴の提起）

①　反訴は相手側の同意があるか、または相手側の審級の利益を害する虞れがない場合に提起することができる。

②　現行法と同じ。

第三章　証拠調査

第一節　文書提出命令の補完と拡大

一　文書提出義務の拡大

１　現行法の内容

現行法上、文書提出義務の対象となる文書は、文書の所持者に提出義務があるときに限られている。民訴法三一六条には、①当事者が訴訟において引用した文書（同条一号）、②文書提出の申請者が文書所持者に対してその引渡しまたは閲覧を求めることができる文書（同条二号）、③文書提出申請者のために作成されたか、または文書提出申請者と文書の所持者間の法律関係に関して作成された文書（同条三号）を限定列挙している。

従来、文書提出義務の性質に関しては、文書提出義務は証人義務、検証物提出義務と同様に、公法上の義務、即ち訴訟法の義務であるが、証人義務や検証物提出義務と同様の包括的・一般的義務ではなく、法律（民訴法三一六条）が定める要件を具備する場合にだけ認められる限定的義務である、とするのが通説の見解であった。その理由は、①文書は個人の自由処分権が認められる私的所有権に属するものであるので所有者の意思に反して無制限に制約することはできないという点と、文書は証言や検証物の提出とは異なって、その記載が不可分である場合が多くて、要証事実と関係ない事項も公開されることによって義務者の不利益が大きいという点に基づいている。

2　改正理由と改正案

文書提出義務の対象となる文書の制限は、最近に至っては公害訴訟、医療訴訟、製造物責任と関連する訴訟、いわゆる現代型訴訟においては著しく事実の解明を阻む要因となるので、文書提出義務の制度目的が反省され、文書提出義務の範囲拡張等の問題が提起された。その理由は、企業活動や行政庁の活動の過程では色々な事項が文書化されて保存されるのが常であるが、これらの文書利用は企業や行政庁の相手側にとって文書提出義務の限定性によって阻止されているからである。

また証人義務（民訴法二七五条）、検証物提示義務（民訴法三三八条、三一八条）が一般的義務となっている以上、文書提出義務を特別に制限的に規定する合理的理由に乏しいため、その均衡を保つために改正案においては文書提出義務を一応すべての文書に拡大すると共にその例外的制限として、①証言拒否事由と同じ事由の記載された文書、②公務員または公務員であった者の職務上の秘密に関する事項が記載された文書（但し法院が当該官庁または監督官庁の承認を得た場合はこの限りでない）、③公務員または公務員であった者が職務に関して保管する文書、④医師等の職務上の秘密その他技術または職務上の秘密に関する文書で黙秘権が免除されていないもの、⑤日記、家計簿、私信等主に文書所持者の利用に提供するための文書を規定した。

3　改正案における条文の配列

改正案では、条文の順序を先ず三一六条に文書提出義務命令の対象となる文書を一応すべての文書に拡大して、すべての文書に対する一般的提出義務を認めると共に、同条の但書きにこの一般的義務に対する制限規定として、証言拒否事由文書、公務員の職務上の秘密事由文書、公務員が職務に関して保管した文書、職務上または職業上の秘密文書、主に文書所持者の利用文書に対して規定した。なお提出義務を制限された文書についても、引用文書、引渡・閲覧請求権のある文書、利益文書・法律関係文書に対しては特別にその提出義務を三一六条ノ二の新設規定を置いて、三一六条但書きによって提出義務が制限された場合でもその提出義務は免除されないと規定した。従って、文書提出の一般的提出義務事項とその制限規定を新設した改正法においても、三一六条ノ二の規定によって現行法が既に認めていた引用文書等の提出義務はその解釈問題も含めて維持されたのである。

4　改正案条文

第三一六条（文書提出義務）　文書が次の各号の一つに該当する場合以外は、文書所持者は提出を拒否することができない。

1　文書所持者または文書所持者と第二八五条（証言拒否権）の各号の一つに該当する者に関して、同条において規定する事項が記載されている文書

2　第二八六条（証言拒否権）第一項の各号の一つに規定されていて、黙秘義務が免除されていない文書

3　第二七六条（公務員の訊問）第一項に規定された事項が記載されている文書（但し法院が同条第一項と第二項の規定により当該官庁または監督官庁の承認を得た場合はこの限りでない）

4　公務員または公務員であった者が職務に関して保管する文書

5　主に文書所持者が利用するための文書

＊　行政情報公開制度と関連する。

第三一六条ノ二（文書提出義務）　第三一六条の各号の一つに該当する文書が次の各号の一つに該当する場合は、文書所持者はその提出を拒むことができない。

1　当事者が訴訟において引用した文書を所持するとき

2　申請者が文書所持者に対してその引渡しまたは閲覧を求めることができる場合

3　文書が申請者の利益のために作成されたか、または申請者と文書所持者間の法律関係に関して作成された場合

＊　改正案では、公文書に対しては職務上の秘密に関する事項に限って文書提出義務の除外対象とすると共に、法院は当該官庁または監督官庁の承認を得て提出させることができるようにした。これに比べると公務員または公務員であった者が職務に関して保管する文書は例外なく包括的に提出義務から除外した。両者を区別して規定する合理的根拠はあるかが問われたが、とりあえずは改正案のようになった。

二　文書提出義務の有無に対する審理

1　改正理由

現行法の下では文書提出命令に対する裁判過程において改正案三一六条一項の各号に規定されてい

る文書（証言拒否事由に該当する内容の文書、営業秘密の文書、プライバシー等）に該当するか否かを文書所持者以外の者に公開することなく、法院がその内容を知ることができる手続が備えられていないので、結局法院は文書の秘密保護のためにその内容を的確に確認できないままその文書の秘密の程度、即ち提出義務の有無を判断せざるを得ないのが実状である。

2　改正案の内容

(1)　改正案三一六条各号に規定されている提出拒否事由に該当する文書であるか否かを判断する手続規定を新設した。手続の内容は、改正案三一六条各号（一般義務化された文書提出義務に対する除外事由）に該当するか否かを判断するために必要であると認められたときは、文書所持者に文書の提示を命ずることができる。この場合には法院はその文書所持者以外の者に閲覧をさせてはならない（改正案三一八条三項）。即ち相手側当事者や第三者には文書内容の秘密を維持しながら法官だけが判事室で閲覧し、文書提出義務の除外事由に該当するか否かを判断する制度である。

(2)　法院が文書提出命令の申請があった文書が提出義務から除外される文書であるかどうかを判断する必要があると認め、同文書の提示を命じたが、この命令に応じなかった場合、これは文書提出命令に応じない場合と異ならないため、当事者の文書不提出の場合と同じ内容の制裁を科する規定を新設した（改正案三二〇条）。

＊　この制度は改正案三一六条各号の規定する提出義務から除外される文書に該当するかどうかを判断

する手続に適用されるのであって、その他の一般文書（文書提出義務の一般的義務から除外されない文書）や改正案三一六条ノ二に規定する特に例外のなく提出義務のある文書には適用されない。なお三一六条各号の規定する除外される文書に該当すると判断された場合は、文書提出命令の申請を却下することになる。しかしその文書が証拠として提出され、証拠調査を経ることがなくても法官がその文書を閲覧したのであるから、事実上影響を及ぼす恐れがない訳ではないが、この問題は結局法院の慎重な運用に任す他はない。

3　改正案条文

第三一八条三項（文書提出義務の有無に関する審理）　法院は文書が第三一六条（文書提出義務）各号に該当するかどうかを判断するため必要と認めるときは、文書所持者にその文書の提示を命ずることができる。この場合法院は、その文書を文書所持者以外の者に閲覧させてはならない。

第三二〇条（当事者の文書不提出の効果）　当事者が第三一八条第一項または第三項の規定による命令に応じないときは、法院は文書に対する相手側の主張を真実のものと認めることができる。

三　文書提出申請の許否に関する審理

1　改正の理由と内容

現行法の下では文書提出命令の申請に対しては、法院は提出命令が申請された文書の所持者が相手側当事者である場合は、必ずしも弁論や審問を経なくても申請の理由(証拠調査の必要性(民訴法二六三条)と提出義務があること)があるかどうかを判断できる場合が多いため、迅速な審理のために審問を経るかどうかを法院の判断に任せて(任意的審問の一般原則)、審問を行わなくても申請の理由があると認めるときは、決定でその提出を命じるとする現行法を維持した。

しかし、文書の所持者が相手側当事者でなく第三者または第三者が指定する者である場合は、文書提出命令の理由の有無については、現行法では第三者を審問するかどうかを法院の裁量に任せていたが、改正案では弁論や審問を経ないと判断が困難な場合が多いため、必ず審問を行い(必要的審問)、その理由があると認めるときにその提出を命じるように改正した。

2　改正案条文

第三一八条（提出申請に対する拒否の裁判）

①　法院が文書の提出申請に正当な理由があると認めるときは、決定で文書を所持する者にその提出を命じる。

③　第三者に対しての文書の提出を命じるときは、第三者または第三者が指定するものを審問しなければならない。

四　文書の一部提出命令

1　改正の理由と内容

現行法上、文書の一部を法院に提出する場合に関しては、民事訴訟規則第七二条第三項に「文書の一部を証拠とするときは、文書の全部を提出しなければならない。但し裁判長の許可があるときには証拠に援用する部分の抄本を謄本に代わって提出することができる」と規定している。

この規定には文書の一部に提出拒絶事由がある場合または取り調べる必要がないと認める部分がある場合にも、その文書の全部の提出を命ずるべきであるかどうかについて明らかに規定されていない。

改正案には、文書提出命令の申請において文書の一部に提出拒絶事由（改正案三一六条各項）または調査を必要としない部分がある場合は、その文書からその部分を除外して残りの部分（抄本）だけの提出を命じなければならないと明記した。

2　改正案条文

第三一八条（提出申請許否の裁判）

②　文書提出の申請が文書の一部に対してだけ理由あると認めるときは、その部分だけの提出を命じなければならない。

五　文書情報の公開

1　改正の理由と内容

現行法の下では、当事者が文書提出命令の申請をしたときにはじめて書証として提出する文書の表示、趣旨等を知ることができ、事前に相手側が今後提出する書証を確認する方法がない。従って現行法の下では、当事者の立証活動が体系的、効果的かつ迅速に進行することを期することができない。

文書提出命令制度の適切な運営を期するために、法院が必要と認めるときには、当事者の申請によって当事者に今後提出する書証または所持している立証事項に関連する文書について、その表示、趣旨を記載した文書目録を提出するように命じることができるようにした。

2　改正案条文

第三一七条ノ二（文書目録の提出）

① 第三一七条（文書提出申請の方式）の申請のために必要であると認めたときは、法院は申請によって当事者に文書目録の提出を命じることができる。

② 第一項の文書目録には、書証として提出する文書またはその者が所持しており訴訟と関連する文書について第三一七条第一号（文書の表示）と第二号（文書の趣旨）の事項を記載しなければならない。

第二節　証拠調査手続の改善

一　調査嘱託対象の拡大

1　改正の理由と内容

現在家事訴訟法八条、家事訴訟規則三条と、民事調停規則一一条、民事訴訟印紙規則八条等の場合、法院は必要と認める事実調査を公務所、学校その他の団体または外国の公務所に限らず相当と認める個人にも調査嘱託を行うことができる。

しかし、民事訴訟における証拠調査のために必要と認める事実調査の嘱託は、公務所団体に限定され、個人に対する嘱託は認めていない。

今日においては過去と異なって個人企業を運営する企業家や実務経験の豊富な個人が各種の団体に劣らぬ専門的な特殊分野に関する知識や情報を持っている場合が増加する趨勢である。従ってこれら個人に対して調査嘱託を依頼することができれば、より能率的な証拠調査が可能になる。

なお家事訴訟と民事調停の場合と異なり民事訴訟に限って調査嘱託依頼の対象を制限する特別な理由もないので、個人の業務に属する事項に関しても調査嘱託を行うことができるように改正を試みた。

＊　個人に対しては、証人または鑑定人として訊問することができるが、証人として出席するのが困難な場合や職務と関連する書類等に基づいて簡単に確認することができる事項の問合せの場合は、調査嘱託

がもっとも簡便な方法である。

2　改正案条文

第二六六条（調査の嘱託）　法院は公務所、団体または個人にその業務に属する事項について必要な調査または保管中の文書の謄本写本の送付を嘱託することができる。

二　受命法官等による証人訊問

1　改正理由

現行法の下では直接主義の要請上、証拠調査は公開法廷で受訴法院で行われるのが原則であるが、現場検証や証人の出席不能のときは、これを貫徹するのは不可能である。

そこで現行法ではその例外として法院外での証拠調査を行うことができるようにして、このときは受命法官や受託判事をしてこれを行わせることができるようにしつつ、証人訊問のときには直接主義を強化し特別規定を置いて、受命法官等による訊問を制限している。

2　改正案の内容

遠距離の事件現場で検証を行いながら同時に目撃証人を訊問しようとするときには、現行法によればその証人については民訴法第二八四条に規定する受命法官・受託判事による証人訊問の要件（①証人が正当な事由によって法院に出席できないとき、②証人が受訴法院に出席するためには過大な費用または時間を要するとき）を充足させない限り、合議部員全員が現場に出張して検証と証人訊問を実施するか、または受命法官が現場検証を行った後、証人を後から法廷に召喚して証人訊問をする方法しかない。

後者の場合（民訴法二八四条の要件を充足しない場合）に受命法官が現場検証をしながらその証人を訊問することができるようにすれば、現場状況と関連してより充実した生々しい訊問を行うことができ、証人を後で再び法廷に召喚しなくても済むし、合議部員全員が現場に出張する必要もなくなるので、場合によっては受命法官等による充実した証拠調査と審理の迅速性と弾力性を高めることができる。

3　改正案条文の内容

法院が必要と認めるときは、法院外で受命法官等の証人訊問を行うことができるようにすると共に、これらはあくまでも例外的な措置であるから、当事者の異議があるときはできないように規定している。

4　改正案条文

第二八四条（受命法官・受託判事による証人訊問）　次の場合は受命法官または受託判事をして証人訊問を行うようにさせることができる。

1　証人が正当な事由によって受訴法院に出席することができないとき

2　証人が受訴法院に出席するには過大な費用または時間を要するとき

＊　以上1、2は現行法と同じである。

3　その他相当の理由がある場合に当事者が異議をしないとき

＊　3は改定案で新設した項である。

三　証人訊問の順序

1　改正理由

現行民事訴訟法の制定当時においては、大陸法系に属する法体制に基づき、証人訊問についても裁判長が訊問した後に、当事者は裁判長の許可を得て直接訊問を行うことができる職権訊問主義を採った。

一九六一年九月の改正で弁論主義の原則を充実させるために、英米法系の交互訊問制度を導入したのである。この制度の運用の結果、反対訊問技術の不足のため期待通りの成果を得ることができないだけでなく、当事者訊問は証人に対し権威がなく、職権訊問より多くの時間を要し、重複訊問、誘導訊問が蔓延する等の弊害が現れた。

特に訊問技術のない当事者本人が訊問をするときには、交互訊問制度の長所を生かすことができないばかりか、かえって事実発見と円滑な訴訟進行に障害を招来するのが実状である。

2　改正案の内容

現行法上の裁判長の補充訊問と介入訊問だけではこれを補完するには不充分であり、また現行法の下では訊問の順序を変更することは不可能であると解釈されるので、少額事件の運営実態も参考にして、裁判長が諸般の事情を考慮し訊問の順序を変えることができるように改正しようとした。

特に改正案の狙いは、当事者の訊問に先立って、裁判長が先ず争いの前提事実と主要争点等について訊問をした後に、その答弁に基づいて双方当事者が順次訊問するようにしたいときに応用されることが予想される。

3　改正案条文

第二九八条（証人訊問の形式）

① 訊問は証人を申請した当事者が先にした後、他の当事者がする。

② 裁判長は第一項の訊問が終わった後に訊問をすることができる。

③ 裁判長は必要と認めるときは、第一項と第二項の規定にも拘らずいつでも訊問をすることができる。

＊ 以上一項、二項、三項は現行法と同じである。

④ 裁判長は相当であると認めるときは、当事者の意見を聞いて、第一項と第二項の規定による訊問の順序を変更することができる。

＊ 以上傍線部分の四項が新設された改正案である。

⑤ 当事者の訊問が重複したときまたは争点と関係ないときは、法院は当事者の訊問を制限するこ

とができる。

⑥　合議部員は裁判長に告げた後に訊問を行うことができる。

四　証人義務の強化

1　改正理由

現行法の下では「証人が正当な事由なく出席しないときは、法院は決定でこれによって生じた訴訟費用の負担を命じ、かつ五〇万ウォン以下の過怠料に処する」（民訴法第二八二条）と規定されている。しかし訴訟の実務においては、法文上「必要的」になっている訴訟費用の負担と過怠料の制裁を科することもほとんどなく、ただ数回にわたって不出席のときに拘引を命じる程度であるのが実状である。

2　改正案の内容

(1)　実務上証人が正当な理由なく期日に出席しないため、期日が空転される例が頻繁であり、これが裁判の適正と迅速を害する主要な事由になっている。

(2)　また取引関係が多様化して、多数の関係人が同一の取引に関与する趨勢が増大するに従って、訴訟当事者でない第三者が重要な文書を所持していながらも、法院の提出命令に応じないことによって訴訟が遅延され、適正な裁判を行うことができない事例が今後漸増することが予想される。

従って現行法上の制裁だけでは証人や重要な文書を所持する第三者を強制するには不足であるので、これを大幅に強化し、法院組織法六一条が法廷の秩序違反行為に対する監置制裁を規定する制度を参考に、監置に処することができるようにした。

3　改正案条文

第二八二条（証人不出席に対する過怠料等）

① 証人が正当な理由なく出席しないときは、法院は決定でこれによって生じた訴訟費用の負担を命じ、かつ五〇万ウォン以下の過怠料に処する。

＊ 一項は現行法と同一。

② 証人が第一項の規定による過怠料の裁判を受けても、正当な理由なく再び出席しないときは、法院は決定で監置に処する。

③ 第二項の規定による監置の裁判を受けた証人が証言をしたときは、その裁判を取消しまたは変更することができる。

④ 第一項と第二項の決定に対しては即時抗告を行うことができる。

⑤ 第二項と第三項の規定による監置に関する裁判手続その他の必要な事項は、大法院規則で定める。

＊ 二項、三項、五項は改正案で新設。

第二八九条（証言拒否に対する制裁）

①　証言の拒否が理由ないとする裁判が確定した後、証人が証言を拒否したときは、五〇万ウォン以下の過怠料または二〇日以内の監置に処するか、またはこれを併科することができる。

②　第一項の場合には、第二八二条第三項、第四項と第五項の規定を準用する。

第二九七条（宣誓拒否に対する制裁）、第二八七条（拒否理由の疎明）、第二八八条（証言拒否に対する裁判）の規定は、証人が宣誓を拒否するときに準用する。

第三二二条（第三者の不提出に対する制裁）　第三者が文書の提出命令に応じなかったときは、第二八九条の規定を準用する。

五　当事者訊問の活性化

1　改正理由

現行法の下では一般的に訴訟に直接利害関係を持っている当事者本人の陳述は証拠価値が低いと評価されるので、当事者訊問は他の証拠調査を行った後でも、心証を得ることができなかったときに、補充的証拠方法として規定されている（民訴法三三九条）。但し少額事件の場合は、このような制限はない（少額事件審判法一〇条）。

通説・判例においても、当事者訊問に対しては「証拠方法としての補充性」に留まらず、「証拠力の補充性」まで拡張解釈して、当事者訊問の結果だけでは独自に事実を認定することができないとしているので、実務においてはごく例外的に運用されているのが実状である。

２　改正の内容

当事者は紛争の基となっている取引や不法行為等の直接的関与者である場合が多く、このようなときは当事者本人が事実関係を最もよく知っているため、他の証拠方法よりも当事者訊問がより重要な証拠方法になる。従って法院の判断によって他の証拠調査に先立って当事者訊問を活用することによって、真実把握と訴訟の円滑かつ迅速な進行を行うことができるようになる。

特に効果的な争点整理と和解の促進のためにも、適切に当事者訊問を活用することができるようにすべきである。但し当事者訊問を重要な証拠方法としてその位置を固めるには、その虚偽陳述の可能性を防いで、信憑性を高める方法として当事者訊問のときにも必ず宣誓をさせることによって、虚偽陳述に対する制裁を科すことにした。

３　改正案条文

第三三九条（当事者訊問）　法院は職権または当事者の申請によって当事者本人を訊問することができる。このときは当事者に宣誓を命じなければならない。

六　新しい証拠と大法院規則

1　改正理由

現行法には法律が明示的に規定した証拠と準文書以外の証拠調査について何らの規定も置いていない。科学技術の発達とその実用化に伴って録音テープ、磁気ディスク等の証拠としての重要性とその証拠価値がますます増加することが予想されるが、これらに対する証拠調査をいかに行うかについては実務上統一されていない。

2　改正案内容

新しい証拠が登場するときには、これに応じていちいち法律によってその概念と調査手続等について規定を行おうとすれば時期的に遅れるだけでなく、社会の変化に即応して弾力的に対応することが難しくなるので、大法院規則に委任して、これに関する規定を置くようにした。

また現行民事訴訟法に規定する準文書は、その概念も曖昧であり証拠調査手続も書証と同一に処理することができない部分もあるので、この規定を削除しこれについても大法院規則に任すことにした。

3　改正案条文

第三四五条ノ二（その他の証拠）　第二節（証人訊問）ないし第六節（当事者訊問）に規定されていない証拠調査に関する事項は、大法院規則で定める。

＊　現行法三三五条（準文書）の規定は削除する。

第四章　新しい制度の導入

第一節　主観的・予備的併合

1　改正理由

(1)　主観的・予備的併合とは、共同訴訟において数人のまた数人に対する請求が、実体法上両立し得ない関係にあって、いずれが認められるかは容易に判断しがたい場合に、各請求に順位をつけて主位原告の請求または主位被告に対する請求に対して先に審理を求めて、それが認められなかった場合に、予備的原告または予備的被告に対する請求について審判を求める場合である。

＊　例えば債権譲渡の効力を債務者Ｙが争うので、債権譲受人と債権譲渡人が共同原告になって先ず譲受人Ｘが債務者Ｙに履行を求めて、譲受人Ｘの請求が理由なしとされたとき債権譲渡人Ｚがその履行を求める場合や、代理人Ｚと契約したＸがＺに無権代理の疑いがあるときに代理人Ｚと本人Ｙを共同被告にして、先ず本人Ｙに契約の履行を求めてＹに対する請求が理由なしとされたときには、代理人Ｚにその履行を求めるなどがある。訴訟の実際において普通問題になるのは、主に被告側の予備的併合の場合である。

(2)　この主観的・予備的併合の許容性については、通説・判例は次の理由で否定する。主位的請求の認容判決が確定すると、予備的原告または予備的被告の同意なく、予備的請求は消滅するので、予備的原告または予備的被告はこれまで攻撃防御をしてきたのにその努力が無駄になってしまう。また主位的被告に対する強制執行が功を奏さない場合は、原告は改めて予備的被告を相手に訴訟をしてきたときも、予備的被告が敗訴する可能性も排除できない。即ち予備的原告または予備的被告の地位は不安定である。

なお主観的・予備的併合は、通常共同訴訟の構造に属するため、共同訴訟人独立の原則が働き、上訴のとき両請求が別々の審級に分かれ、裁判の不統一の結果を招く可能性も排除できないという欠点がある。

(3)　主観的・予備的併合の許容性については、通説・判例のようにこれを認めない場合には、取引の相手側が個人の資格で契約したか、会社の代表として契約したかがわからない場合のように実体法上個人と会社の択一関係にある紛争においては、両者の中である一人の被告を相手に行った訴訟で負けた原告が、さらに他の一人の被告に対して訴えを提起したがまた負ける危険性があり、この場合主位的被告に対する最初の訴訟の結果を待って新たに予備的被告に対する訴訟を再び提起する場合、その間に消滅時効が成立する可能性も排除できない。

他方、予備的被告の立場においても訴訟圏の外に位置することによって、訴訟当事者の両方から一方的に罵倒される等不利な場合も少なくない。

２　改正案の内容

改正案では訴えの主観的・予備的併合の場合、即ち共同被告の一部に対する請求と他の共同被告の請求とが実体法上択一関係にあって両立できない場合には、択一関係にある両者を同一訴訟圏内に引き入れて、矛盾のない一回的紛争解決を図った。

即ち、訴えの主観的・予備的併合を民事訴訟法六二条の規定する通常共同訴訟だとみなす従来の学説を改めて、立法政策的に民事訴訟法六三条（必要的共同訴訟の特則）ないし六四条（必要的共同訴訟人の追加）の適用のある必要的共同訴訟だとみて、原告と実体法上択一関係にある両者、即ち三当事者間の矛盾のない一回的紛争解決を図った。

つまり、必要的共同訴訟の特則である民訴法六三条の適用によって共同訴訟人の中で一人でも上訴すると、民訴法六二条の共同訴訟人独立の原則が適用されず、民訴法六三条の会一確定の特則が適用されることによって共同訴訟人が皆上訴審当事者にならなければならず、上訴審においても三者の関係に矛盾のない会一確定をすることになる。

立法政策的に訴えの主観的・予備的併合の場合に三者間の矛盾のない紛争解決のため、必要的共同訴訟に適用される手続原則を適用するとしても、依然として当事者各自の訴訟物に対する処分権まで制限するのではないので、民訴法六三条（必要的共同訴訟の特則）が適用されるとしても、請求の放棄、認諾、和解及び訴えの取下げは制限されることなく、各自自由に行うことができる。

なお当然ながら改正案では、訴えの主観的・予備的併合の場合に民訴法六三条（必要的共同訴訟の特則）と六四条（必要な共同訴訟人の追加）を適用すると共に、この訴訟においては主位的被告はもちろん、予備的被告に対しても判決を行わなければならないことを明白にした。

＊　改正法によれば民訴法六三条の適用の結果、主位的被告への請求が認容される場合は、予備的被告に対して必ず請求棄却判決を行わなければならない。この場合原告が請求趣旨に主位的被告に対する請求が認められたら、予備的被告に対する請求は判断しなくてもよいと記載した原告の請求趣旨と異なる取扱いとなって処分権主義に反するとの批判があり得る。

3　改正条文

第六四条ノ二（予備的共同訴訟の特則）

①　第六三条（必要的共同訴訟の特則）ないし第六四条（必要的共同訴訟人の追加）は、共同被告の中の一部に対する請求と法律上両立することができないときに準用する。但し請求の放棄、認諾、和解及び訴えの取下げはこの限りではない。

②　第一項の訴訟においては、すべての被告に対する請求について判決をしなければならない。

第二節　弁護士強制主義

１　改正理由

現行法上においては一般的に本人訴訟が認められている。例外的に審理手続において当事者が本案申請、主張、抗弁、立証、反証等の弁論能力がないと判断されたときには、法院が当事者に陳述を禁止して、弁護士の選任を命じたときに限って弁護士強制が行われている。

現段階においては、①訴訟救済の大幅な拡大、②弁護士報酬の法定化、③弁護士報酬の訴訟費用算入の現実化（一九九〇年の民訴法改正によって弁護士報酬は、大法院規則で定める金額の範囲で訴訟費用に算入されたが、現実的にはこの規定が適用されるのが稀であるのが実状である）等の弁護士強制主義を採るための前提要件が備わっていないが、法曹人の大幅な増員という状況変化があり、訴訟当事者の利益保護と共に訴訟手続の迅速、円滑な追行と訴訟の健全な運用の観点から、弁護士強制制度が要請される。

２　改正内容

(1)　一九九〇年民訴法改正時、法務部改正案には高等法院以上の事件について積極的当事者に対する弁護士強制主義が含まれていた。国会の審議過程で削除されたが今度の改正案で復活し、条文構成も同じ内容になっている。

(2)　司法試験合格者数を一九九六年五〇〇名をはじめとして毎年一〇〇名ずつ増員することになり、

二〇〇〇年からは合格者数が一、〇〇〇名に大幅に増員されるので一九九九年三月から二〇〇三年まで五年間だけを計算しても二、一〇〇名の法曹人が追加輩出されるため、弁護士強制主義の施行時期を二〇〇三年三月にする予定である。

3　改正案条文

第八〇条ノ二（訴訟代理に関する特則）

① 高等法院以上の法院に訴えまたは上訴を提起する者は、弁護士を訴訟代理人に選任しなければ本案に関する訴訟行為を行うことができない。但し訴えまたは上訴を提起した者が弁護士の資格があるときにはこの限りでない。

② 第一項の規定によって本案に関する訴訟行為を行うことができない者が弁護士を訴訟代理人に選任しなかったときは、裁判長は相当な期間を定め、その期間内に弁護士を訴訟代理人に選任することを命じなければならない。

③ 第二項の命令を受けた者が訴訟代理人を選任しないか、また第八〇条ノ三、一項（弁護士選任命令を受けた者が訴訟救助を受ける資格のある場合、救助申請をすることができる）の規定による申請を行わなかったとき、またはその申請が却下されたときは、裁判長は命令で訴状または上訴状を却下しなければならない。

④ 第三項の命令に対しては、即時抗告を行うことができる。

＊　付則、八〇条ノ二（訴訟代理に関する特則）は、二〇〇三年三月一日から施行する。

第三節　国選代理人

１　改正理由

改正案のように弁護士強制主義が導入される時には、弁護士を選任する資力のない国民は事実上裁判請求権が剝奪されることになるので、弁護士強制主義が導入されることを前提として憲法訴願（憲法裁判所法七〇条に、憲法訴願審判を請求しようとする者が弁護士選任の資力がないときには、憲法裁判所に国選弁護人を選任するよう申請することができる）と刑事訴訟の場合（刑訴法三三条四号に、被告人が弁護士選任の資力がないとき、法院は職権で国選弁護人を選任しなければならない）に準じて、国選代理人制度を導入することにした。

なお民訴法一三四条（弁護能力のないものに対する処理）による弁護士選任命令のときも、弁護士強制主義が適用されるのと同じように、その不履行のときは訴えまたは上訴が却下されるにもかかわらず、この場合に対しては一般的訴訟救助に任せているだけで、別に国選代理人制度がないため、この場合にも国選代理人制度を導入することにした。

２　改正案条文

第八〇条ノ三（国選代理人）

①　第八〇条ノ二、一項（高等法院以上の法院に訴えまたは上訴を提起する者は弁護士を訴訟代理人に選任しなければ本案に関する訴訟行為を行うことができない）の規定によって本案に関して弁論することができないものまたは第一三四条第二項（弁護能力がないため法院から弁論禁止を命ぜられた者に対して必要と認める場合、法院は弁護士の選任を命じることができる）の規定によって弁護士の選任命令を受けた者が第一一八条（訴訟救助の要件）の要件に該当する場合は、申請によって法院は弁護士の中から訴訟代理人を選任する。

②　第一項の規定によって選任された訴訟代理人の報酬は、大法院規則の定めるところにより国庫から支給され、当事者をして償還させるようにしなければならない。

第四節　大法院規則による非弁護士代理

1　改正理由

現在、訴訟の実際においては、非弁護士の訴訟代理は法院の許可が非常に寛大になされているので、幅広く利用されているのが実状である。

しかしこの制度は、訴価が急激に増加しまた裁定単独事件（訴価が五、〇〇〇万ウォンを超えて合議部の管掌事件であっても単純な事件の場合に、合議部が単独判事に審判するように決定する事件）が増加するに従い、第一審事件の中でも単独事件が著しく増加するのが現実である。

一九九四年を例にとると、少額事件を除外し、一審民事本案事件の比率が全民事事件の約七四％に及び、これに少額事件まであわせると九〇％を上回る。この現象は当初の立法趣旨とは異なり、第一審単独事件における非弁護士代理が普遍化し、例外がかえって原則となってしまったためである。これは一九九〇年の法改正（一九八〇年の法改正によって単独事件において法院の許可を得て非弁護士が訴訟代理人になるには、当事者の親族、雇用その他特別な関係にある者に制限した）にもかかわらず、実務上従来と変わらず依然として裁定単独事件を含めて殆どすべての事件にその許可が下された。

２　改正内容

今回の改正案では、非弁護士代理が許容される範囲を大法院規則に委任して、事件の範囲と代理人の資格を適切に制限し、実質的に弁護士代理の原則が損なわれないようにした。

３　改正案条文

第八〇条（訴訟代理人の資格）

①　法律によって裁判上の行為を行うことのできる代理人以外は、弁護士でなければ訴訟代理人になることはできない。

＊　一項は現行法と同じである。

②　単独判事が審判する事件において、法院の許可を得たときには第一項を適用しない。その事件の範囲と代理人の資格に関しては大法院規則で定める。

＊　二項は新しく改正した条項である。
③　法院はいつでも第二項の許可を取消すことができる。
＊　三項の内容は現行法と同じである。

第五章　法院の管轄と裁判

第一節　管轄の整備

一　大法院規則による特別裁判籍

1　改正理由

知的所有権、国際取引等の事件のように専門知識と取引実務に対する理解と経験が必要であり、裁判基準の統一が要求される事件を適正かつ迅速に処理するために、ソウル地方法院を中心とする裁判部を拡大運用する趨勢にある。

上記のような特殊事件に対して、専門裁判部のある法院の管轄にするためには、大法院の規則によって特別裁判籍を定める必要がある。

2　改正案条文

第二一条ノ二（特別裁判籍の付加）　特定類型の訴訟について特別に管轄を定める必要があるときは、大法院規則で第五条ノ二ないし第二一条（特別裁判籍）以外の特別裁判籍を定めることができる。

二　大法院規則による移送

1　改正理由

各種の特別裁判籍、特に大法院規則によって新設される特別裁判籍と関連して、管轄法院の選択が不当であると認められる事例が生じたときは、これを弾力的に解決するために移送の要件と手続を適切に定める必要がある。

2　改正案条文

第三二条ノ二（訴訟の移送）　法院は大法院規則の定める通り、訴訟の全部または一部を第二一条ノ二（特別裁判籍の付加）の規定による管轄法院に移送することができる。但し専属管轄がある訴えはこの限りでない。

三　単独事件に対する合意管轄の反訴（改正案二四二条二項但書）

＊　単独事件の審理中、合議部の管轄に属する事件の反訴が提起された場合、反訴に関して応訴管轄の要件を備えたときは、単独判事が審判を行い、管轄違反の抗弁があったときだけ合議部に移送する。

四　支給（支払）命令の管轄規定の削除

督促手続の管轄法院を通常の訴訟と同じように債権者の住所地法院でも提訴できるようにするとともに合意応訴も可能にすることによって、紛争解決の効率性を高めるために督促手続の特別管轄を規定する現行法四三三条は削除した。

第二節　法院の裁判

一　送達料未納と却下

1　改正理由

現行法では当事者が送達料を納入しないときは、国庫で先ず立て替えた後、当事者に支払わせることになっているが、その手続が複雑であるだけでなく、またよく活用されていないのが実状である。当事者が納入すべき費用であり手続進行に不可欠なものであるため、予納命令を履行しないときには訴えを却下できることにした。

2　改正案条文

第一〇六条ノ二（送達費用未納入による却下）

①　原告、上訴人または申請人等が当事者に対する期日召喚に必要な送達料を予納していないときには、相当な期間を定めてその予納を命じることができ、その期間内に予納しない場合は、決定

で訴え、上訴または申請を却下することができる。

② 第一項の決定に対しては即時抗告を行うことができる。

③ 即時抗告の期間内に費用を予納したときは、却下決定を取消さねばならない。

二　特別抗告の縮小

1　改正理由

命令、規則、処分が憲法または法律に違反するかどうかが裁判の前提になるときは、大法院に最終審査権が付与されているが、通常の不服方法がない決定や命令に対しては例外的にこれを認めることにするのが特別抗告制度の趣旨である。

しかし、現行法はこの特別抗告理由を「裁判に影響を及ぼす憲法または法律違反」まで拡大しているので、今度の改正ではこれを不服申請することのできない決定や命令の前提になる命令、規則、処分の憲法または法律違反になるかどうかの判断が不当な場合に制限した。

2　改正案条文

第四二〇条（特別抗告）

① 不服を申請することができない決定または命令に対しては、裁判の前提になった命令、規則、処分の憲法または法律の違反になるかどうかの判断が不当であることを理由とするときに限って

大法院に特別抗告を行うことができる。

＊　一項改正。

②　第一項の抗告の提起期間は一週間にする。

③　第二項の期間は不変期間にする。

＊　二項、三項は現行法と同じ。

三　再審の訴えの審理

1　改正理由

現行法上では再審の訴えの審理において再審事由の審理と本案の当否に関する審理手続が区分されていないため訴訟の審理が能率的でないだけでなく、再審事由が認められない場合は、本案に関する審理がすべて無駄になる。

2　改正案の内容

改正案では再審事由の審理と本案の当否に関する審理手続きを区分し、先ず再審事由に関して弁論制限を行い再審事由があると認めるときは、その趣旨の中間判決を必ず行うようにすることによって、訴訟審理を能率的にし、無駄な本案審理を防ぐことができるようにした。

3　改正条文

第四二四条ノ二（再審事由に関する中間判決）　法院は再審事由があると認めるときには、その趣旨の中間判決を行わなければならない。

四　定期金判決と変更の訴え

１　改正理由

定期金の支給（支払）を命じた判決が確定した後、その数額算定の基礎となった事情に著しい変更があったときは、その判決の当事者は将来支払うべき定期金数額の変更を求める訴えを提起することができる。

２　改正案条文

第二二九条ノ二（定期金判決と変更の訴え）

①　定期金の支払いを命じる判決が確定した後に、その金額の基礎となった事情に著しい変更があったときは、その判決の当事者は今後支給（支払）すべき定期金金額の変更を求める訴えを提起することができる。

②　第一項の訴えは第一審判決法院の専属管轄とする。

第五〇七条ノ二（変更の訴えと暫定処分）　第二二九条ノ二第一項の規定による訴えが提起された場合の強制執行については、第五〇七条（異議の訴えと暫定処分）の規定を準用する。

第三節　外国判決の承認

一　外国判決承認拒否要件の整備と内外国人の平等扱い

1　改正理由

国際化の趨勢にある今日において、外国判決の承認が次第に重要な問題になりつつある。被告の防御の機会を事実上剝奪したまま下された外国判決の承認を拒絶する包括的根拠を規定する必要がある。外国判決の承認に際してこの改正案規定は、憲法及び国際法上の内外国人の平等原則により、被告が韓国の国民でなく外国人の場合にも適用されるようにする。

2　改正案条文

第二〇三条（外国判決の効力）
外国法院の確定判決は次の条件を具備していなければその効力がない。
① 現行法と同じ。
② 敗訴した被告が公示送達またはこれに類似した送達によることなく訴訟の開始に必要な召喚または命令の送達を受けたことまたは受けずに応訴したこと。
③ 現行法と同じ。
④ 現行法と同じ。

＊　現行法には「敗訴した被告が韓国国民である場合に公示、送達によることなく」と規定されていたのを、今度の改正においては「敗訴した被告が公示送達またはこれに類似した送達によることなく」と規定変更をした。即ち被告は韓国国民に制限していたのをその制限をなくし、また公示、送達に限らずこれに類似した送達にまで承認拒絶の根拠を拡張した。

第四節　判決の作成と宣告

一　大法院規則による判決理由の省略

1　改正理由

法官が記録を検討して、判決主文を定めるためにより多くの時間を活用することができるようにするには、判決理由の作成に要する負担を軽減する必要がある。

少額事件の経験と外国の例を参考にして、判決理由を省略するか、簡略に記載する事件の範囲またはそのための手続的要件等を大法院規則によって定めるようにした。

2　改正案条文

第一九三条（判決書の記載事項）

①　現行法と同じ。

②　現行法と同じ。

但し第一審判決は大法院規則の定める通り、請求を特定するのに必要な事項以外の事項に関する判断を省略するか、簡略に記載することができる。

③　現行法と同じ。

二　判決の即時宣告

１　改正理由

現行法の下では少額事件を除いては擬制自白事件のような場合にも要式的宣告手続だけのために裁判が遅延するのが実状である。

事件の結論が明確であり、かつ上訴率も著しく低い事件を中心に大法院規則によって定める一定範囲の事件においては、弁論終結後判決原本なしに即時に宣告できるようにすることによって早期に紛争を終結させ、無益な手続による当事者の負担を軽減する。

２　改正案条文

第一九一条ノ二（宣告の特例）　大法院規則で定める事件においては、判決原本によることなく弁論終結後即時に判決を宣告することができる。

第六章　裁判の付随的事務

第一節　訴訟救助制度の改善

一　大法院規則による訴訟救助

1　改正理由

国民の裁判を受ける権利を実質的に保障するためには、現在よりも訴訟救助対象を拡大しなければならない。訴訟救助要件の緩和問題については、①資力不足に限定すべきか、または支出によって従来の生活水準を維持できない場合も含むべきか、②勝訴可能性の要件をいかにすべきかが問題になり、また訴訟救助の範囲については、①弁護士強制が適用されない事件における弁護士報酬も含まれるか、この場合誰が弁護士を選任するか、選任された弁護士は受任を拒絶できるか、②訴訟費用の一部に対する救助も可能であるか、訴訟費用の支給免除と支給猶予の中どの形態にすべきか等が問題になる。国家の予算上現実的にどの範囲の人に救助を与えることができるかも加えて総合的判断と裁判の現実に対する正確な理解に基づいて慎重に決定するべきである。

このような多様な事情を適切に反映させるためには、これに関する事項を法律よりも大法院規則で定めるのが望ましい。

2　改 正 内 容

訴訟救助の要件、手続と範囲の具体的事項は、大法院規則に委任する。

3　改正案条文

第一一八条（救助要件）

① 法院は訴訟費用を支出する資力の不足する者のために訴訟上の救助を行うことができる。

② 救助の要件と手続は大法院規則で定める。

二　訴訟救助決定に対する不服

1　改 正 理 由

現行法上、一二三条により救助申請が棄却された場合は、申請人が即時抗告することができるのは当然であるが、救助するかどうかに対する決定に対しては即時抗告できるかについては学説が分かれる。

訴訟救助付与の決定によって相手側の法的地位に何らの不利な影響を与えると思えないため、この決定に対しては抗告することができないことを明確に規定する必要がある。但し民訴法一一九条一項三号による訴訟費用の担保提供義務が免除されている場合は、相手側が勝訴しても訴訟費用の償還を受けることができないため、この場合に限って抗告権を認めるべきである。

2　改正案条文

第一二三条（不服申請）　この節に規定する裁判に対しては、即時抗告を行うことができる。但し相手側は第一一九条第一項三号（訴訟費用担保の免除）の訴訟救助決定を除いては不服を申請することができない。

第二節　調書作成の簡易化等

一　大法院規則による調書の省略等

1　改正理由

現行法上、調書作成の簡易化と多様化に対する配慮は、①単独事件における一部記載の省略、②書面等の引用、③録取書と録音テープの調書化等がある。

訴訟の取下げ、和解、認諾等のように裁判によることなく終結されたときは、調書の通常的機能、即ち次の段階の訴訟手続のためにその期日における進行を明確に記録して後任判事ないし上級判事の判断資料としての役割をする機能が事実上不必要になるため、これらの場合を含めて今後は事件の経過と事実の内容によって適切に調書の記載を省略することができるようにするため、これに対する規定を幅広く大法院規則に委任することにした。

２　改正案条文

第一四四条（調書の記載の省略等）

①　調書に記載すべき事項は、大法院規則の定めるところによりこれを省略することができる。

②　現行法と同じ。

二　法院事務官の期日参与の例外

１　改正理由

現行法上弁論期日だけでなく、証拠調査期日、和解期日、調停期日等すべての期日において、法院事務官等が参与して、その期日の終了後法廷状況を記載した調書を作成するようになっている。

改正法によって導入される争点整理期日に裁判長と当事者が事実について自由に対話、討論した後、その最終的結果だけを自白、主張と撤回、証拠申請と撤回等に整理する方式によって進行されることになる。従って相対的に長時間を要するが調書に記載すべき事項はその結論部分だけであるし、期日の最終時点に至って初めてその内容が確定するのであるから、全期日にわたって法院事務官が参与するようにする必要はなく、期日終了後その最終結果だけを調書に記載する方法によって調書を作成するようにしても別に問題はないと思われる。これらの事情は調停期日、和解期日等の場合も同様である。

また長期的に展望すれば、速記職員による調書の作成により法院事務官に代わって期日に参与する方法または期日の進行を録音テープに録音することによって調書にすることも考えられる。このようなことを背景にして裁判長の判断によって法院事務官等を参与させることなく期日の進行を可能にさせ、この場合調書は法院事務官等が裁判長の説明によって作成しその趣旨を調書に付記するようにする。

2　改正案条文

第一四一条（弁論調書の作成）

① 法院事務官等は弁論に参与して、期日ごとに調書を作成しなければならない。

② 裁判長は弁論を録音または速記するか、その他特別の事情があるときには法院事務官等の参与なしに期日を開くことができる。

③ 第二項の場合には法院事務官等は、その期日の終了後裁判長の説明によって調書を作成し、その趣旨を付記しなければならない。

＊ 二項と三項が改正案で新設された。

三　調書朗読等の修正

1　改正理由

民訴法一四六条に「調書は関係人の申請があるときは、その者に朗読するか、閲覧するようにしなければならない」と規定されている。

この条項は、調書が期日中に作成されることを前提として、その期日中に関係人の申請があれば、調書を朗読するか、閲覧するようにしなければならないという趣旨であるが、期日が終了した後、初めて調書が作成されている現実とは一致しないだけでなく、このような申請をする例も皆無であるといえる程度であるため、これを削除することの提案があった。

しかし期日中においても作成中の調書の内容を確認することができる現行制度は存置すべきであるとの見解によって、改正法一四六条は修正して存置することにした。

なお現行法一四六条二項（調書の記載事項について関係人の異議があるときは、調書にその事由を記載しなければならない）は実務上完成した調書に対する異議の根拠条文であると解するため、これを明白にするために記録の閲覧に関する一般条項である一五一条（訴訟記録の閲覧と証明書の交付請求）の後に移動させた。

2　改正案条文

第一四六条（関係人の調書朗読請求権）　調書は関係人の申請があるときには、その者に朗読するか、閲覧するようにしなければならない。

＊　二項は改正案一五一条ノ二に移動規定した。

第一五一条ノ二（調書に対する異議）　調書の記載について関係人の異議があるときには調書にその事由を記載しなければならない。

第三節　送達事務の簡素化

一　送達料の国庫負担

1　改正理由

送達料は訴訟費用中それほど大きな部分を占めていないし、事件の難易度や進行期間による偏差も大きくない。

送達料予納と還付に対する法院と当事者の業務負担を軽減し、同時に訴訟費用額確定手続において計算を単純化する必要もある。統計的に当事者においても少額に過ぎない残額の還付に関心を持たないのが実状である。

今後活性化が予想される電話、ファクシミリ等を利用する送達、法廷警衛による送達、送達函を利用する送達等の場合には送達料を算定するのも難しく複雑である。

現在の平均的事件ごとに送達料を定額化または定率化してこれを訴状の印紙額に包含させることを前提として、執行官送達を除外したすべての送達の場合、その費用を国庫負担にするのが妥当である。

2　改正案条文

民事訴訟費用法第七条（通信費）

① 通信と運搬に要する費用はその実費額による。

② 各種訴訟書類及び訴訟記録に関する第一項の費用は国庫負担とする。但し執行官に支給する費用はこの限りでない。

二　送達函の設置

１　改正理由

送達書類が多い弁護士や金融機関等の場合は、現在のように書類ごとに個別的に送達する方法は法院事務官と郵便集配人の業務と送達費用等の側面で非常に非効率的である。

法院構内に送達函を設置して前もって利用許可を得た弁護士や企業等に対する送達書類をその送達函に投入する方法で行い、投入した後七二時間が経過したときは送達の効力が発生することにすることにより弁護士や当事者が便利であり、送達が迅速、正確に行われるようにする。

２　改正案条文

第一七三条ノ二（送達函の設置）

① 法院内に、送達する書類を投入する函（以下送達函とする）を設置することができる。

② 送達函による送達は法院事務官等が行う。

③　送達を受けるものが送達函から書類を受領しないときは、送達函に書類が投入された後七二時間が経過したときに送達されたものとみなす。

④　送達函の利用手続、送達函による送達方法及び送達函によって送達する書類に関する事項は大法院規則で定める。

三　簡易送達制度の導入

1　改正理由

従来の送達方法（交付送達の原則）による場合には、核家族化、共稼ぎ夫婦の増加、主婦の頻繁な外出等によって昼間の間、家に人のいない場合が増加している関係上、送達不能の事例が増加する傾向にある。

通信施設が発達した今日においては、電話、ファクシミリ、コンピューター通信等の通信手段による期日の告知を積極的に利用する必要がある。

改正案では当事者、証人等に対する召喚は最初の期日の通知を除外して法院が相当であると認める方法によって行うことができることにしている。但しこのような簡易召喚を受けてその期日に不出席の当事者等に対しては法律上の制裁その他不利益を科すことができないとした。

2　改正案条文

第一五四条（期日の通知）

①　期日の通知は召喚状の送達によらなければならない。但し当該事件のために出席した者に対しては期日を告知すればよい。

②　最初の期日の通知を除外して法院が相当であると認める方法によって期日の通知を行うことができる。但しこの場合には期日に出席しなかった当事者、証人または鑑定人等に対して、法律上の制裁その他期日懈怠不利益を科すことができない。

四　勤務地の送達

1　改正理由

現行法上、送達を受ける本人の営業所または事務所で送達を受けることができるが、他人の営業所等に就業している者に対しては、その勤務地で送達を受けることはできないようになっている。これは一九九〇年一月に改正された現行民事訴訟法第五条ノ二（勤務地の特別裁判籍）で勤務地の特別裁判籍を認めたのと不均衡であるので、勤務地での送達と補充送達を受けることができるようにすべきである。

2　改正案の内容

送達を受ける者に対して現行法上認められている場所で送達することができないときは、その者が就業している勤務地においても送達を受けることができ、その場所で補充送達を受けることもできるようにした。

3　改正案条文（省略）

五　公示送達方法の改善

1　改正理由

現行法上の公示送達が非常に形式的方法によっているので、これを改善する必要がある。

2　改正条文

第一八〇条（公示送達の方法）

公示送達の方法は大法院規則で定める。

第四節　その他の付随事務

一　休日送達等の許可

1　改正理由

実務上、送達不可能の理由で当事者が休日または夜間送達の申請をするとき、拒否される事例は皆無であるといわれるほど形式的に運用されている。

従ってこれを裁判長の権限とするより、執行文付与等の場合を参考にして法院事務官等の権限にして、特別な事情がない限りその許可は義務的にするのが望ましい。

2　改正内容

休日または夜間の送達に関する許可は法院事務官等が行い、法院事務官等は特別な事情がない限りこれを許可しなければならない。

3　改正条文（省略）

二　訴訟費用確定手続の改善

1　改正理由

法院事務官等が訴訟費用額の計算を行えば、法官は機械的調査と計算に関する業務の負担を免れ、全体的には訴訟費用の裁判も迅速に行われることができる。

2　改正案条文

第一〇五条（法院事務官等による計算）　第一〇〇条一項（訴訟費用額確定決定）の申請があったとき、法院は法院事務官等に訴訟費用額を計算させなければならない。

第三編　集団紛争処理の為の特別手続法制定に関して

第一章　序　説

今日、世界各国は、高度産業化社会に進入するに伴い、不可避的に、不良商品や不良サービスによる消費者紛争や、環境侵害による公害紛争が頻発することになる。

即ち一方では大量生産が市場を支配し、大量販売につながり、一度欠陥商品が市場に出てしまうと広範囲の消費者が欠陥商品の購入を強いられてしまうのである。このようにして危険な欠陥製造物を原因とする損害賠償、不当な商品宣伝行為や商品の不正表示を原因とする損害賠償、事業者の市場支配的地位の濫用や過度な経済力集中から来る被害防止の為の独占規制、及び公正取引に関する法律違反を原因とする是正命令や、約款の規制に関する法律違反に対する是正を求める紛争が、しばしば発生するようになる。(1)

他方では、洛東江流域のフェノール汚染事件に見られるように高度経済成長政策推進により、独占資本は既存工場施設に莫大な設備投資をし、新たに巨大な工場を建てることとなり、これが必然的に大気や水質、土壌を汚染する環境侵害を生み出し、広範囲な地域にかけて多数の国民の健康と生活を破壊するに至るのである。このような場合における損害賠償、近ごろしばしば発生しているタンカーの海難による油流出を原因とした海水汚染による沿岸漁民の損害賠償、望遠洞水害事件による多数住民の災害賠償、金浦住民の各種ゴミ集積地設置計画禁止請求デモのような、特に環境保護領域において、行政措置に対する多数市民の集団反対運動等をあげることができる。(2)

こうした集団紛争に関する訴訟はいろいろな姿で現れるであろうが、広範囲かつ多数の消費者や広範囲な地域にまたがる多数の環境被害者が場合によっては、数百、数千、数万にのぼる巨大な集団訴訟の様相を呈することになるのである。こうした広範囲かつ多数の消費者や環境被害を受けた住民が被った各自に対する被害は、典型的には比較的少額であり、被害者による個別的な訴えの提起は訴訟費用負担や訴訟遂行能力の面において大企業や行政当局を相手にすることを期待することができないので、集団訴訟の方式によって訴訟を遂行しなければ何の被害救済を受けられないばかりでなく、加害者に対する何の制裁も課することができず、加害者が継続して加害行為を続行する危険が常に存在することになる。(3)

こうした侵害の排除や権利の回復の為の制度として、現行民事訴訟法では選定当事者制度を規定して多数当事者訴訟の処理に備えているのであるが(民訴法第四九条、第五〇条)、この制度は、共同訴訟として提訴したり提訴される複数の共同訴訟人が、その中の一人を選定当事者に選任して、その者が自己の名前で共同訴訟人全員の為に訴訟をし、その判決の効力は共同訴訟人全員に及ぶという制度である。この選定当事者制度によっては、共同訴訟人の各自が選定当事者の選任という選定者全員の為の訴訟追行の授権手続をふまなくてはならない。ところが、この選定当事者制度は、高度産業社会に向かって発展しながら一層加速的に巨大化する少額消費者の被害者や広範囲な地域にまたがる多数住民の公害被害者について、被害集団の行政当局に対する被害の防止や救済申請の為の集団訴訟に対処するには不十分である。(4)

それは、広く知られているように現行民事訴訟法や行政訴訟法は高度産業社会においては、不可避的に発生する消費者紛争や、公害事件における多数被害者による集団的提訴を予想することができず、従って個人中心の紛争を対象として制定されたからである。

即ち、当事者適格や請求適格に関しても自然人や法人を中心として規定されているので、高度産業社会に向かって発展しながらなお加速的に巨大化してゆく少額多数の消費者集団、一定地域の住民集団、一定の行政処分を求めるこれら消費者や住民集団は現行実体法上、法人格を取得できないだけでなく権利能力なき社団にも該当しないのである。従って、これらの集団は訴訟法上においても当事者適格を一般的に認められていない。これらの集団は自然人と法人の中間地帯を成していながら商取引の公正性確保や環境保護において重要な社会経済的機能を担当している。従って今日、民事訴訟及び行政訴訟の最大かつ緊急な課題は、これら団体の権利利益を守るための相応かつ迅速な権利救済に対する対策等、集団訴訟に対処する新しい特別法の制定が早急に要請されるのである。(5)

韓国法務部は、このような消費者紛争や環境侵害による住民訴訟に対処する為の仮称集団紛争処理手続法を制定するために、その草案作成の為の作業を進行させている。

本編は、この集団紛争処理法の草案作成における基本的課題の中から、この法を独自的な単行法として制定すべきであるのか、または既存の特別法分野別に個別法規の中に集団訴訟の特則を規定すべきであるのかという問題と、単行法として制定する場合、その集団訴訟を遂行する手続をアメリカ連邦民事訴訟規則にその例を見ることができる代表当事者訴訟（class action）と、ドイツのいわゆる団体訴訟（Verbandsklage）の二つの立法例中どちらを導入すべきであるか、または両者をともに導入すべきであるかに関して考察することにする。

第二章　集団訴訟の法制化における法体制上の問題点

少額、多数の消費者被害や広範囲な地域の多数者の環境侵害被害救済の為の集団訴訟の法制化においてまず検討するべきことは、これら集団訴訟法の規制を民事訴訟法ないし行政訴訟法の特別法として単行法で法制化するのか、または消費者保護法、環境保全法、約款の規制に関する法律（約款規制法）

等の既存の特別法の中に集団訴訟の特則の形式で挿入するのかの問題である。まずドイツとアメリカの立法例を見て、次いで韓国の現況に照らし合わせて妥当な結論を探してみることにする。

第一節　ドイツの立法例

ドイツにおいて少額多数の消費者被害救済の為の集団訴訟の規制は、被害法域別に個別法規の中に一定の要件を満たした団体に集団被害救済訴訟を担当する原告適格を認め、手続上の特則も合わせて規定する方式を採っているのが、その特徴である。これを団体訴訟（Verbandsklage）と呼んでいる。

ドイツにおいて私法ないし経済法の領域における団体訴訟は、不正競争防止法一三条（UWG 13）、普通取引約款法一三条（AGBG 13）、競争制限禁止法三五条二項（GWB 35II）にもとづき民事訴訟法の特則として適用された。即ち不正競争防止法（UWG）一三条では①同一または類似した商品や営業的サービスを販売する営業者、②営業上の利益増進を目的とする権利能力ある団体、③相談や啓蒙を通して消費者の利益を保護することが定款上の目的である権利能力ある団体、④商工会議所及び手工業者団体に不正競争行為の中止を請求する提訴権を認め[6]、さらに民事訴訟の特則として管轄（同法二三条）、訴価減額制（同法二三条ａ）、不正競争行為の中止請求権保全の為の仮処分（同法二五条）、不正競争防止の為に、紛争調停の為の商工会議所に調停センター（Einigungsstelle）（同法二七条ａ）を規定している[7]。また、普通取引約款規制に関する法律（AGBG）では、同法第一三条に①啓蒙や相談を通じて消費者の利益を擁護することを定款上の事業としている最少限七五人の自然人をその構成員とする権利能力ある法人として、こうした事業領域に従事する社団、②営業上利潤追求を目的とする権利能力ある社団、③商工会議所または手工業者組合は、普通取引約款の使用中止請求（Unterlassung sanspruch）か約款撤回請求権を主張して、提訴できるようにするばかりでなく、民事訴訟法に対する特則をもって管轄（同法一四条）、手続（同法一五条）、聴聞（同法一六条）、判決主文（同法一七条）、判決主文の公表権（同法一八条）、相違裁判時の異議申請権（同法一九条Einwendung bei abweichender Entscheidung）、登録（同法二〇条）、判決の効力（同法二一条）、訴価（同法二二条）を規定している。(8)

ところが、公法の領域においては、一九七六年の自然保護法の制定に臨んで団体訴訟が論議されたが、否定された。しかし、最近、原子力施設の設置に反対する住民運動とともに団体訴訟が論議され始めた。結局一九七九年九月一二日Bremen州議会はSPDの修正同意を受け入れて新しく制定されるBremen自然保護法に団体訴訟を導入した。即ち、Bremen州自然保護法四四条で、同法四三条二項にもとづき①団体が定款により理念的、常時的に自然保護と自然景観の維持という目的を追求すること、②適当な業務の遂行が保障されること（この時、団体に関しては既存活動状況、財政状況その他構成員の範囲等が考慮されなければならない。）、③公益追求という理由により法人税法五条一二項、九条により法人税を免除された団体であること、④団体の目的を支持するすべての者に加入が開放されていること等の要件を満たした団体に州の行政官庁による行政行為の発令、拒否、不作為が連邦自然保護法、

Bremen州自然保護法、あるいはこれらの法を根拠として制定された法規範に違反する場合に、自然保護団体自身の権利侵害を主張することなしに取消訴訟か、または義務履行訴訟を提起できることを規定している。それ以外にもHamburg自然保護法四一条、Hessen州自然保護法一六条、Berlin自然保護法三九条にもこれと類似した規定を置き行政訴訟法に対する特則を規定している。(9)

最も我らの注意を引くものは、ドイツ行政裁判所法（韓国の行政訴訟法に該当）に集団訴訟に関する特則が新しく設けられたという点である。即ち、一九九一年一月一日から施行されている改正行政裁判所法（Verwaltungsgerichtsordnung zum 1. 1. 1991）は、同法五六条a、六五条三項、六七条a、九三条aにいわゆる集団紛争解決方案、即ち多数訴訟関係者で成りたっている場合における特則規定を新しく設けたのである。同法五六条aでは、五〇名以上に同一な命令と裁判を告知しなければならない必要がある時には個別的送達に代えて公告をもって告知を命ずることができるようにしており、同法六五条三項では、五〇名以上の参加が問題になる場合には、裁判所は決定により一定の期間内に申請した者だけが参加できるという旨を連邦公報に公告するよう命ずることができるようにしており、同法六七条aでは一つの法的紛争に五〇名以上が同一な利害関係をもつ場合に一人の訴訟代理人をもって代理とすることができない場合には、裁判所は決定により彼らに一人の共同代理人を選任するよう命ずることができ、彼らが裁判所の命令に従わない場合には、場合によっては裁判所が直接一人の弁護士を共同代理人として選任することを得ると規定している。最後に同法九三条aは、行政当局の一つの行政処分の適法性（Rechtsmäßigkeit）に対し、五〇個以上の手続がその対象となっている場合には、前もって一つまたは数個の手続を選定して実施し、それ以外の手続においては、決定をもって裁判所の簡素な手続に類似した手続によって裁判する旨、裁判所に認めている。[10]

第二節　アメリカの立法例

アメリカにおいて少額多数の消費者被害と広範囲な地域の多数者の環境侵害に起因する被害救済の為の集団訴訟の類型としては、代表当事者訴訟（class action）をあげることができる。

代表当事者訴訟（class action）は共通の利害関係をもつ多数人の集団中、一人ないし数人が、その集団の全員を訴訟に参加させることなく自ら集団に属する全員の代表者として訴訟追行をし、その判決の効果が集団に属する全員に及ぶような訴訟である。一九六三年のアメリカ連邦民事訴訟規則二三条の改正により制度的に整備された。[11]

アメリカ連邦民事訴訟規則二三条(a)には、いく種類かの代表当事者訴訟共通の要件として、(1)集団の構成員が多いため全員を当事者に併合することが困難であり、(2)その集団に共通する法律上または事実上の問題が存在し、(3)代表当事者の請求ないし抗弁がその集団の典型的請求ないし抗弁であり、(4)代表当事者が集団の利益を公正かつ適切に保護できなければならない、というような四つの事項を規定している。さらに同法同条(b)(3)では、代表当事者訴訟が集団構成員の全員に共通する法律上、事実上の争点が個々の構成員に関連する争点（any questions affecting only individual members）に比べて支配的であり紛争の公正かつ能率的な審判の為にclass actionが他の利用可能な手段より優れていることという若干緩和された要件を提示している。[12]

特に注目されることは、アメリカ連邦民事訴訟規則二三条(b)(2)に規定されているもので、被害者集団に対立する相手側（party opposing the class）が被害集団全員に、一般的に該当する理由を根拠として一定の行為をするか、または行為をしないために被害集団が相手側に対して終局的な中止（final injunctive relief）またはこれに相応する宣言的救済を求める訴訟(class action for injunctive or declaratory relief）を認めている。例えば、行政庁の環境保護措置を要求する行政訴訟において主張される利益が必ずしも経済的でなければならないという必要はないと判示していることに見ることができる。[13]この条項を根拠として、アメリカにおける代表当事者訴訟（class action）が少額多数の消費者被害事件だけでなく環境侵害事件、市民権事件、就業差別事件、租税事件等、民事訴訟事件のみならず行政訴訟事件等、多様な分野で利用されていることを知ることができる。

そして、アメリカ法において、集団的救済制度としてclass action以外に公共訴訟（public action or public interest action）[14]と称されている訴訟類型が注目される。一九七八年アメリカ上院に提出されたclass action訴訟手続の改革を試みる改正法律案（A Bill to provide for the reform of class action litigation procedure）は、アメリカ連邦民事訴訟規則二三条(b)(2)のclass actionを、より費用がかからないように少額、多数被害の救済に焦点を合わせて改正を試みている。この改正法律案によれば、即ちアメリカ連邦民事訴訟規則二三条(b)(1)及び(b)(2)に規定されている集団救済を維持しながらもっぱら同条(b)(3)類型の代表当事者訴訟（class action）において集団構成員全員に対する通知が要求されるゆえに訴訟費用がかかりすぎるという欠点を除くために、(a)公衆の多数の者に対する少額の金銭的侵害救済の為の民事公衆訴訟（public action）と(b)公衆の多数の者に対する相当な額の金銭的侵害救済を目的とする民事集団賠償訴訟（class compensatory action）を創設し、(c)公衆訴訟及び class 賠償訴訟の為の改善された運営手続を創設したのである。(15) 特に、この改正案で規定している公共訴訟（public action）は、被害者各自に対する賠償を主目的とし、事件類型は三〇〇ドルを超える損害が四〇名以上の者に及んでいることを要件とした集団賠償訴訟（class compensatory action）とは異なって被害者各自に対する損害賠償よりは、違法行為の抑制、違法行為による不当な利得の防止に重きを置いている点である。この手続の特例としては、三〇〇ドル以下の損害を受けた者が二〇〇名以上になる場合にこれらを対象として認めていることであり(同法律案三〇〇一条(c))、この公共訴訟において原告になる者は原則的に連邦の法務長官（Attorney General of the United States）であるが、被害者自ら告発者（relator）として訴えを提起することができ、この場合、連邦法務長官が手続を受け継ぐか、州の法務長官に受継を促求することができる（同法律案三〇〇二条）という点である。改正法律案で特に我らの注意を引くものは、公共訴訟において連邦か州の法務長官に公共の利益を主張する者としての原告適格を賦与することによって原告適格拡大の理論的基礎を提供している点である。この理論は原告適格の基礎として自己の権利、または法律上保護される利益というような従来の基準から解放する役割をしている。

アメリカで、代表当事者訴訟（class action）は特に連邦裁判所において一般化しており、その功罪については相反する評価がなされているが[16]、class action は消費者訴訟、環境訴訟、反トラスト訴訟、証券訴訟、人種差別訴訟等の公私法の分野にかけて広く利用されている。class actionは、欠陥商品等を原因とする少額請求をもつ多数の消費者の利益を保護し、環境侵害等重要な社会的争点を訴訟の場に引っぱりだすための唯一の実行可能手段を提供するのに大きく寄与している。

第三節　韓国における集団紛争解決法の実態

韓国で少額かつ多数の消費者の被害を救済する為の法律としては、消費者保護法、約款規制に関する法律、独占規制及び公正取引に関する法律があり、広範囲な地域の環境侵害に起因した住民の被害を救済する為の法律としては、環境政策基本法がある。次に概観することにする。

消費者保護法では、消費者の被害救助の為に、同法の中で韓国消費者保護院に消費者紛争調停委員会の設置を規定し、同委員会で消費者から直接被害救済を受けたとき、または国家、地方自治団体、消費者団体、または事業者が、被害救助申請を受けて韓国消費者保護院にその処理を依頼したときは、韓国消費者保護院では所定の規定にしたがって試験検査施設を通じて違法事実が確認された場合は、関連機関に通報し適切な措置を取るのである。また、同院長は被害救助申請の当事者に対し合意を勧告し、合意が不成立となれば調停委員会で調停を行い、当事者が調停を受諾する場合には、調停書の内容は裁判上の和解と同一な効力がある旨規定している（消費者保護法二六条ないし四六条参照）。当事者が調停を受諾しない場合には、別途の提訴及び訴訟審理に関する特別規定を置いていない[17]。

約款の規制に関する法律においても約款条項に関連し法律上、利益がある者、消費者保護法にもとづき登録された消費者団体、韓国消費者保護院及び事業者団体が経済企画院長官に約款の法律違反当否に対する審査を請求すれば、経済企画院に設置されている公正取引委員会の審議に付して約款規制に関する法律第六条ないし第一四条に違反する約款の削除、修正等の是正勧告を審決することができ、こうした是正勧告をするにおいては、当該事業と同種事業に従事している他の事業者にも同一内容の約款条項を使用しないことを勧告することができる（約款の規制に関する法律附則②[18]）。この公正取引委員会の審決にもとづく是正勧告は行政処分に属するのであるから、これに不服な者は、行政訴訟手続に従い、裁判所に提訴することができるのであるが、これに対する行政訴訟手続上の特則を規定していない。従って、約款被害の多数性・少額性を勘案する時、これらの司法的救済の為には、集団訴訟の特別手続の制定が切実に要請されるのである[19]。

環境汚染被害紛争調停法には、環境汚染による被害救助の為に環境省に中央環境委員会を、ソウル特別市、直轄市、道に地方環境委員会を置き、環境汚染の被害に起因する紛争が発生した場合に関係当事者の一方または双方が中央環境委員会または管轄地方環境委員会に紛争の斡旋調停または損害賠償責任に関する裁定の申請をすることができるようにしている。斡旋が不可能であると認定された時には、斡旋は中断することができる。調停が申請されれば、同委員会では調停案を作成して当事者に提示し、当事者がこれを受諾すれば調停書の内容は裁判上の和解と同一の効力が生じる。当事者が調停を受諾しない場合には、別途の提訴及び訴訟審理に関する特別規定を置いていない。また、損害賠償責任に対する裁定が中央環境委員会に申請されると、五人の同委員会委員により裁定委員会が構成される。裁定委員会は、裁定が申請された事件を調停に回附することが適合であると認めた時は職権をもって直接調停するか、調停委員会に送付して調停させることができる。裁定委員会は、共同の利害関係をもった当事者が多数である場合には、代表当事者の選任を命じることができる。代表者が選定されない場合には、職権をもって選定する。所定の手続にしたがって裁定を行い、裁定文書が送達された日から六〇日内に不服提訴しないときは、裁定内容と同一の合意が成立したものと見なす。(20) 裁定に不服な場合には、行政訴訟を提起することができるのであるが、これに対する行政訴訟手続上の別途の特別規定は、これを置いていない。従って、環境被害の広域性・大量性・多数性を勘案する時、これら司法的救助の為の特別手続法制定の必要性が要請されると考えるのである。

韓国では、少額多数の消費者の被害や、広範囲な地域の多数住民の被害に対する救済方法としては、消費者保護法、約款の規制に関する法律、そして環境法や独占規制及び公正取引に関する法律においても行政委員会の性格をもった調停委員会、または審査委員会の調停、是正勧告を規定しているだけで、当事者がこれに不服な場合にこれら被害者集団の代表当事者、または消費者団体や環境保護団体、その他公益団体が、これら被害者集団の為の訴訟遂行による救済方法を規定していないのである。従って、ドイツやアメリカに見られる代表当事者訴訟（class action）や団体訴訟（Verbandsklage）制度を導入する必要性が要請されるのである。

第四節　集団訴訟の法制化における独立した単行法制定の妥当性

集団訴訟に関する特別手続法を制定する場合に独自的な単行法として制定すべきか、または既存の特別法分野別に個別法規の中に訴訟手続の特則の形式で挿入すべきかの問題を考察する為に、上述でドイツの立法例とアメリカの立法例を概観したわけである。

上述ドイツの立法例に見るように普通取引約款法、不正競争防止法、自然保護法の中に民事訴訟ないし行政訴訟の特則として集団訴訟を規定しようという案と一九九一年一月一日から施行されているドイツの改正行政裁判所法で集団訴訟の特則を新たに規定したことを良い例として現行民事訴訟法の選定当事者制度を集団訴訟遂行に適合するように改正しようという主張がある。

即ち、一つの案は、単行特別法として特別法分野をすべて包括する集団訴訟、つまり、多数少額の消費者被害及び広範囲な地域にかけて巨大な数字にのぼる多数の環境侵害に起因する集団訴訟を規定する場合には、場合によってはひどく抽象化してしまい、実体関係との照応が疏遠になる恐れが生じる可能性があり、特に集団訴訟は被害者の授権なしに代表当事者、または関連団体が訴訟遂行を行うものであるからこれら集団被害者の裁判を受ける権利の制限に慎重を期して訴訟における審問請求権を最大限保障するために普通取引約款法、消費者保護法、環境法等の個別法の中に規定しようというものである。(21)

もう一つの案は、先の案と同様に、特別法分野別に個別法規の中に集団訴訟の規定を置かないのであれば、単行特別法としてこれを性急に制定するのではなく、ドイツの改正行政裁判所法において裁判所の後見的関与の下で集団訴訟を一人の共同代理人にまかせるようにし、その他送達は、公告によるようにする、というように現行民事訴訟法の選定当事者制度の資格規定、選定当事者の授権手続の緩和、裁判所の後見的関与等の規定を新設し、団体主導型ではなく個人主導型集団訴訟制度として改良するのが望ましいとする説得力ある主張をする人もいるのである。(22)

仮称「集団紛争（事件）処理手続法」の草案作成を進行させている法務部の民事特別法制定特別分科委員会では集団訴訟の特則を現行民事訴訟法や行政訴訟法の中に規定するのでもなく、なお消費者保護法、環境法、約款の規制に関する法律等個別特別法の中に規定するのでもなく、民事訴訟法や行政訴訟法に対する特別法として独立単行法として制定することにしたのである。その理由は、第一に、現在韓国において消費者保護法、環境汚染被害紛争調停法、独占規制及び公正取引に関する法律、約款規制に関する法律等の個別特別法の中に多数、少額、広域の集団被害に対する集団訴訟の特則を規定することよりも、この個別特別法に規定せねばならない特則の共通点を探し、これをより体系的に詳細に民事訴訟法や行政訴訟法に対する一般特別法とする独立単行法として規定することが能率的であり合理的であると判断したからである。第二に、団体訴訟はその性格が私益を保護しようとする要素と公益を保護しようとする両要素をともにもっているが、むしろ後者が圧倒する一種の公共利益訴訟としての性格を強くもっているという点がある。従って、集団被害が発生した場合に個別訴訟として訴訟を遂行することより被害集団全体の利益、即ち公益を十分に保護するためには細心な配慮がなされた単行の集団訴訟特別法を制定する必要がある。(23) 第三に、仮称「集団紛争事件処理手続法」が集団民事事件に対する特別法制定にとどまらず行政訴訟法に対する特別法としても機能できるように、即ち民事訴訟と行政訴訟の一般特別法として制定することを試みたのである。その理由は、集団訴訟に対する特別法で特に留意している点が多数少額の消費者被害、広範な地域にかかる多数人の環境侵害による被害に対して損害賠償を求めるこができるだけでなく、それ以外の非経済的被害、特に行政庁の環境破壊的措置に対する行政処分の取消しを求めたり、行政庁が環境破壊的行為を放置している場合に、これを防止する為の措置(作為)を求める訴訟までもこの集団訴訟の特則に包含させる点であり、またそれが要請されるからである。これは、アメリカにおける代表当事者訴訟（class action）が多数、少額の消費者被害事件にとどまらず市民権事件、就業差別事件等、民事訴訟事件のみならず行政訴訟事件等、多様な分野で利用されているということと脈絡を同じくするものである。

第三章　代表当事者訴訟（class action）と団体訴訟（Verbandsklage）の韓国立法への導入方向

現在、法務部民事特別法制定特別分科委員会では少額多数の消費者及び多数の広範な地域の環境被害者の集団訴訟手続の為に、民事訴訟法ないし行政訴訟法に対する独立単行の特別法制定を推進している。

この集団訴訟手続を制定するにあたっては、まさに集団訴訟手続制度を規定している英米法で発展した代表当事者訴訟（class action）制度とドイツで発展した団体訴訟（Verbandsklage）制度を、我々は立法の先例としてその長所を充分に採り入れなければならないのである。ところで、これら二つの制度の中からどちらの制度をどの程度導入すべきかの問題は、韓国の手続法及び実体法の全体構造を始めとして裁判所、弁護士等、司法制度の担当者の問題に至るまで、広範な綜合的検討を土台として、その結論を得ることによって初めて説得力ある妥当なものになるのである。

とりあえず代表当事者訴訟（class action）と団体訴訟（Verbandsklage）の異同を概括的に整理してみることにする。

第一節　アメリカにおける代表当事者訴訟（class action）制度の現況(24)

アメリカ連邦民事訴訟規則二三条(a)には、代表当事者訴訟の共通要件を規定しており、同条(b)には、三類型の代表当事者訴訟を規定している。

特に(b)三の代表当事者訴訟類型は、大規模な組織活動をしている大企業、国家、公共団体が多数の消費者や住民に少額の被害を与えている場合に、彼らの為に損害賠償請求を可能にしている。(25)この類型の代表当事者訴訟（class action）は、韓国の法制に対比すれば、法定訴訟担当に類似した性格をもち、債権者代位訴訟や株主代表訴訟と性質を同じにする。ただし、この場合代表当事者により代表される団体(class)構成員の一人一人に至るまで特定される必要はなく、全員の範囲が明確に画定しておれば足りる。例えば、一定の期間内に被告会社の乗用車を購入した者、という程度に限定したとしても差しつかえないのである。(26)この類型の代表当事者訴訟（class action）が対象としている訴訟類型に制限はないが、主に活用され、また活発に論議されているものは、少額多数被害の救済制度としての損害賠償請求の訴えである。

そして、一九七八年、アメリカ議会上院に提出された代表当事者訴訟の改革を試みる改正法律案（A

Bill to provide for the reform of class action litigation procedure）では、上述(b)三の代表当事者訴訟が、より費用がかからないように私的法務長官理論を導入しているということは上述Ⅱ・二で見た通りである。

特に我らの注意を引くものは、(b)二の代表当事者訴訟類型である。この類型は、上述(b)三の類型に見られるような過去に生じた損害の回復を求めることよりも侵害行為の禁止（final injunctive relief）、あるいはこれに相応する宣言的救済（declaratory relief）を可能にしている(27)。

特にアメリカ法において我らが注目すべきことは、この(b)二の代表当事者訴訟類型として公共訴訟（public action or public interest action）というもう一つのclass actionの類型があるという事実である。この公共訴訟は、common lawや制定法により認められている権利や利益が侵害されたことを主張する者にだけ原告適格を与えるという基本原則(28)を修正する連邦裁判所の判例(29)にもとづき認められた集団的救済制度である。即ち、この(b)二の代表当事者訴訟類型は、原告適格を相当広く認め、個人救済をこえる公共救済としての集団的救済制度を形成しつつあるのである(30)。この判例にもとづき発展した公共訴訟理論は、自己自身の利益が法律上、侵害されていない者や団体でも、公共の利益を主張する者として、いわゆる私的法務長官として原告適格をもつとすることをもって、原告適格拡大に対する理論的基礎を提供している(31)。そして、一九七八年アメリカ上院に提出された代表当事者訴訟手続中、特に(b)三類型の改革案は、私的法務長官として原告適格が認められるpublic actionと同様に訴訟類型が主に損害賠償請求よりも違法行為の抑制、違法行為による不当利得の防止に重点が置かれている禁止請求の性格を帯びている点で共通点がある。より共通点がはっきり現れている点は、三〇〇ドル以下の損害を受けた者が二〇〇名以上になる場合には、原則的に連邦法務長官に当事者適格が認められるのであるが、この場合に被害者も自ら告発者として、即ち公益の為の私的法務長官として当事者適格が認められている点である。被害者に自ら（私的法務長官として）告発者として当事者適格が認められる場合には、連邦の法務長官が手続を受け継ぐか、州の法務長官に受け継ぐことを促求できるようになっている点も両者の共通点として現れている。

以上で示したのと同様にアメリカの代表当事者訴訟では、少額多数の消費者被害の損害賠償請求と同じ民事訴訟事件だけが主な訴訟類型を構成しているのではなく、環境訴訟、市民権事件、就業差別事件等、行政訴訟事件等、多様な分野で利用されている点は、韓国の集団紛争処理の為の特別法制定に多く参考とすべきである。

第二節　ドイツにおける団体訴訟（Verbandsklage）の現況

ドイツの集団紛争処理における特色は、民事法ないし経済法の領域では、不正競争防止法を始めとして同法改正草案や普通取引約款法で消費者保護団体に提訴権、即ち当事者適格を賦与してこれに相応する特則を規定している点である。さらに、公法の領域では環境保護法で環境保護団体に提訴権、即ち当事者適格を賦与しており、改正行政裁判所法で集団紛争手続の為の特則を置いている点である。

不正競争防止法（UWG）では、一九六五年改正前には事業者に対して不公正な取引方法の禁止請求を行使できる者は、競争者または一定の事業者団体に限定されていて、不公正な取引方法により被害を受けた私人である最終消費者の禁止請求権は、認められていなかった。(32) ところが、一九六五年の不正競争防止法の改正にもとづき不公正な取引方法から、社会一般、特に少額多数の消費者を保護する為に権利能力ある（ZPO五〇条一項）消費者団体にも提訴権を認める規定を置いたのである（UWG一三条一a項）。

この一九六五年の不正競争防止法一三条一a項の消費者団体訴訟にならい、一九七六年の改正普通取引約款法（AGBG）もその一三条一項に違法な普通取引約款の使用の禁止や奨励の撤回を求める提訴権を消費者団体に賦与したのである。

特に我らの注目を引く点は、不正競争防止法（一九六五年の改正前）や普通取引約款法でも、不正競争方法あるいは違法な普通取引約款によって被害を被った個々の最終消費者には消費者団体に賦与したものと同様の提訴権を認める規定を置いていなかったのであるが、ドイツでは、上述実定法上、認められている団体訴訟を、類推解釈にもとづき、より拡張しようとする試みが絶えず続けられてきたという点である。特にアメリカの代表当事者訴訟（class action）に見られるような消費者の被害報償の為の損害賠償請求の提訴権を消費者団体に賦与しようとする努力が不正競争防止法及び競争制限禁止法の領域で、その必要性が認められ、こうした一連の努力は、一九七七年末不正競争防止法に関する連邦司法府の改正案で結実したのである。この改正案は、商品やサービスの最終消費者にも不正競争防止法上の特別な損害賠償請求権を認めると同時に(改正草案一三ａ条)、消費者保護団体にも個々の損害賠償請求権を一括して行使する為の提訴権を認めている(改正草案一三ｃ条)。(33) 環境訴訟においても(34)消費者団体訴訟におけるのと同様に個人的不利益を受けている者だけが訴訟当事者としての適格をもち、その他の者は第三者として当事者適格をもつことができないという伝統的な訴訟観(35)はその前提自体が崩壊している。特定の個人に対する不利益が問題になるのではなく不特定多数の市民の不利益だけが問題になる環境訴訟においては、伝統的な考え方によると全員が第三者になってしまい訴訟当事者が存在しない場合も多く生じることになる。のみならずこうした場合は個人的不利益を受けている者が存在したとしてもその者に訴訟を追行させることによって紛争の解決を期待することができない場合も多く生じるのである。(36) 訴訟活動を担当することのできる実績をもった環境保護団体の要件を厳格に制限して、この団体に公益の実現の為に原告適格を認めるようになった。一九七九年にBremen州の自然保護法において初めてドイツ連邦共和国に、環境訴訟分野において団体訴訟が導入され、(37) ひきつづきHamburg, Hessen, Berlin 州においても導入されている。

一九九一年一月一日から施行されている改正行政裁判所法に新設規定された集団紛争手続（Massenverfahren）上の公告、訴訟参加、共同訴訟代理人選任、模範手続（Musterverfahren）についての特則はアメリカの代表当事者訴訟（class action）の形態と類似しており、多数の当事者が集団として関与する国家賠償事件等に活用されることが期待できる。(38)

第三節　アメリカの代表当事者制度とドイツの団体訴訟制度の共通する長所を土台とした立法の方向設定

上述において、代表当事者訴訟（class action）と団体訴訟（Verbandsklage）を概括的に整理してみた。ここで両制度の相異点と共通点を検討し、共通点を土台に立法の方向を定めるのに、参考にしたいと思う。

少額多数の被害に対する損害賠償請求訴訟における集団救済制度については、アメリカの代表当事者訴訟(class action)において、顕著に発展している。これに比べると、ドイツの団体訴訟(Verbandsklage)においては、まだこれに対する集団的救済制度が確立されていない。但し一九七七年末不正競争防止法の改正案では、消費者保護団体に少額多数の被害者に対する、損害賠償請求権を一括して消費者保護団体が行使できるようにする集団救済制度を規定しているので、代表当事者訴訟(class action)と共通する方向に進んでいることは明らかである。

のみならず、一九九一年一月一日から施行されている改正行政裁判所法における集団紛争手続のための特則は、少額多数の国家賠償事件等に機能を発揮することが期待され、ここでも代表当事者訴訟制度（class action）と共通する方向で立法化されていることを知ることができる。特に環境訴訟においては、予防的な権利救済（vorbeugender Rechtsschutz）において、予防機能の確保の為の予防的不作為訴訟や環境保護の為の特定政策の実施を求める義務履行訴訟や、環境侵害を理由とする行政処分取消訴訟を、自然保護団体自身の権利侵害を主張することなしに提起することができ、これは、アメリカの環境訴訟等の判例から発展させた私的法務長官理論を基礎とする public action 及びアメリカ民事訴訟規則二三条(b)二の代表当事者訴訟類型と共通した方向に向かっていることが明らかである。

以上集団紛争処理に関するアメリカ合衆国の代表当事者訴訟（class action）制度とドイツの団体訴訟（Verbandsklage）の比較考察を通じて、両制度の底流の方向が共通の方向に進んでいることを、ある程度推し量ることができる。即ちアメリカの代表当事者訴訟（class action）やドイツの団体訴訟（Verbandsklage）は両者がともに少額多数の消費者被害や広範な地域にかかる多数住民の公害に対する公共の利益を効果的に保護する為に、訴訟を追行する私的法務長官としての集団を代表する個人や団体が当事者適格を有し、集団紛争を効果的に処理する手続に発展している。(39) こうした方向感覚を土台に韓国の集団紛争処理の為の方向を考えると、アメリカの代表当事者訴訟（class action）とドイツの団体訴訟（Verbandsklage）の共通した長所を共に採り入れ、短所を補完することが、望ましいと考えるのである。(40)

第四章　集団紛争処理手続法の制定における留意点

法務諮問委員会の民事特別法制定特別分科委員会では、上述した通り少額多数の消費者被害と広範な地域にかかる多数住民または市民の環境侵害に対する集団訴訟の特別法を制定するに際して、大体次の点に留意している。

(1)　集団訴訟の特別法を制定するに当たりアメリカの代表当事者訴訟（class action）制度とドイツの団体訴訟（Verbandsklage）制度の両制度の長所を採り入れ短所を補完して、一つの独立した、仮称集団紛争処理手続法を民事訴訟法及び行政訴訟法の特別法として単行法で制定する。(41)

(2)　集団紛争処理手続法によって、多数少額の消費者被害や広範な地域の多数の環境被害に対する事後的救済方法である金銭賠償を求めるのはもちろんであり、その他にも被害を惹起させる行為の中止を求める禁止請求や被害の予防の為の作為を求める作為請求が可能になるよう制定する。

(3)　集団紛争処理手続法により提起される、いわゆる集団訴訟の審判対象になる紛争はアメリカ連邦民事訴訟規則二三条における代表当事者訴訟の要件を参考とし、

(i)　被害者が顕著に多数であること

(ii)　被害者の各請求が主要な争点を共通しに、被害者集団に共通した法律上または事実上の争

点が各被害者に対する個別争点を支配すること

(iii)　集団紛争処理手続法による訴訟が各被害者の権利救済に最も適切な手段となること

の三つの要件が充足されなければならないのである。(42)

(4)　集団紛争処理手続法により提訴することのできる当事者適格者をどう定めるかが問題になるのだが、アメリカの代表当事者制度とドイツの団体訴訟制度の長所を共に採り入れて、一定の要件を満たした代表当事者と団体に共に集団訴訟を遂行する当事者適格を賦与する規定を置くことになったのである。

(あ)　代表当事者訴訟制度における当事者適格

代表当事者訴訟制度では多数被害者の中から権利意識が透徹した個人が多数被害者の明示した意思によらずに自ら多数被害者の代表者となって提訴して来る場合、裁判所が後述する集団訴訟許可手続で、彼が被害者集団の利益を公正かつ適切に代表することができると認める場合には、彼の代表当事者としての訴訟遂行権を許可する。この代表当事者制度の長所は何よりも提訴が容易であるという点である。団体にだけ提訴権が認められる団体訴訟制度の下では不良製造物や環境侵害による被害者が団体に提訴を要求したとしても、団体の意思決定過程を経なければならず、またその団体が国家の財政的支援を受けている団体であるとか企業の影響を受けている団体であれば、場合によっては提訴を期待しがたい場合もあるのだが、こうした場合提訴を強制する道がなく提訴をしてくれと説得するしかないのである。この場合代表当事者制度の下では被害者中一人が他の者の同意なしに全被害者の為に提訴することができるからである。[43] 次にこの代表当事者制度においては代表者自身も被害者であるという点で徹底した訴訟遂行を期待できる長所がある。[44]

代表当事者制度の短所として一般的に指摘されるものとしては、その第一が濫訴の危険が高いという点である。代表当事者制度を指して合法的恐喝手段であると非難されている事実がこれを克明に説明している。その第二が代表当事者が相手側と結託したり訴訟を誠実に遂行しないことによって、他の構成員の権益を侵害する恐れがあるという点である。[45] 他にも代表当事者制度は集団構成員の手続権、裁判請求権の保障や損害賠償金の分配においての難しさをあげているが、これは団体訴訟の場合も同様であるので、これに対する補完は両制度がともに必要としている点なのである。

(い)　団体訴訟における当事者適格

団体の当事者適格はドイツの不正競争防止法一三条二項三号、普通取引約款法一三条二項と特にドイツ環境保護法二九条二項、Bremen 州自然保護法四四条、Hamburg 自然保護法四一条、Hessen 州自然保護法一六条を参考にして韓国消費者保護院、大韓法律救助公団その他大法院規則で定める法人と次の各号の要件を満たした団体に限り裁判所が集団訴訟許可手続で集団訴訟

を遂行できる資格を認めている。[46] 即ち、

（ⅰ）定款により常時的に消費者保護、環境保護その他これに準ずる公益を主な目的とする非営利法人であること

（ⅱ）法人の活動の範囲が一つの特別市、直轄市、道以上である団体であること

（ⅲ）法人の人的構成及び現在までの活動実績から推して客観的に消費者保護、環境保護その他公益を追求する任務を適切に遂行できる団体であること

（ⅳ）法人の目的を支持するすべての者に加入が開放されていることがその要件である。

集団訴訟の当事者適格を団体に認める長所は何よりも韓国の民事訴訟法がドイツのそれを母法として継受したものであるので、ドイツ団体訴訟を導入することがアメリカの代表当事者制度を導入することよりも法体系上の調和がうまくとれるという利点がある。[47] そして多数・少額の消費者被害や広域の環境被害に対する集団訴訟による請求は禁止請求や予防請求はもちろん損害賠償を目的とする請求であっても私人間の利害を調節する民事訴訟にとどまるのではなく公益的性格を必然的にともなうものであるから、公益団体である消費者保護団体や環境保護団体に訴訟遂行の為の法定訴訟担当者として当事者適格を認めることが制度的趣旨にも附合するものであると考える。[48] さらには上述した要件を備えた消費者保護団体や環境保護団体であれば十分な人的物的施設を備えており、代表当事者の場合より段違いに優越した経済力ない

しこれにもとづく情報調査能力を備えていて訴訟遂行面においても巨大な企業体やその他の行政庁と対等な立場で訴訟を遂行し多数少額の消費者被害や広範な範囲にかかる持続的な環境被害の報償を受けたり侵害行為を禁止したり予防したりすることができるようになるのである。

上述したことを綜合すれば、集団的紛争処理手続を規律するにあたりアメリカの代表当事者制度の長所はドイツの団体訴訟制度の短所に該当し、ドイツの団体訴訟制度の長所はまさにアメリカの代表当事者制度の短所に該当するということがわかるのである。従って、一定の要件を備えた代表当事者と団体に集団訴訟を遂行する当事者適格を附与するように立法することによって両制度の短所を補完し長所がすべて実現され得る手続としたのである。

(5)　集団訴訟を提起しようとする代表当事者や団体に訴え提起時に訴状とともに集団訴訟遂行許可申請書を裁判所に提出させることによって、裁判所が前もって集団訴訟の請求適格及び代表当事者または団体の当事者適格を審査して集団訴訟の許可の可否を決定する手続段階を経るようにしている。

代表当事者や団体による集団訴訟は被害者集団の構成員に対し判決の効力は有利不利を問わず及ぶので、構成員の権利が十分に保護され得るようにする手段を許可手続において準備しておかなくてはならない[49]。集団訴訟提起の許可の手続に関しては詳細な規定を設けることが必要である。

(6)　公告制度及び除外申請制度が採択されなければならない。

集団訴訟による訴えの提起が許容されると集団構成員の範囲に属する被害者には当然訴訟に参加したのと同様に有利不利を問わず判決の効力が及ぶのであるから、この訴訟への参加を望む者には参加する機会を与え、この訴訟に依る既判力が自己に及ぶのを望まない被害者には除外の申請をするようにすることによって判決の効力を排除できるようにしなければならない。これが除外申請制度である。

さらに集団構成員に訴訟参加と除外申請の機会を与えるためには集団訴訟が提起されたという事実を知らせる必要がある。この場合、集団構成員が多数である場合には被害者全員に個別通知をすることは技術的にも経済的にも不可能な仕事である。それで日刊新聞に公告することをもって通知に代えるようにし、特に必要な場合にのみ個別通知をするようにする必要があるのである。[50]

(7)　弁護士強制主義が採択されなければならない。集団訴訟においては高度の法律知識及び訴訟技術が要請されるので、法律家でない代表当事者や団体の代表機関が本人訴訟として訴訟を遂行することができない。それゆえ原告に対しては弁護士強制主義を採択しなければならない。[51]

(8)　訴訟費用に対する特則を規定しなければならない。非財産権上の訴えである作為、不作為(禁止請求)または確認請求に関するものは訴価が法定しており印紙代は特に問題にならないはずであるが、金銭的損害賠償を求める集団訴訟は請求の面でも当事者の面でも規模が大きい訴訟になることが予想されるので、集団訴訟を容易に利用できるようにするためには訴状に貼付する印紙代その他の訴訟費用に対する調整は不可避である。

集団訴訟の性格が公益的要素を強く有しており訴訟進行過程も後述する通り裁判所の監督の下におかれるので、裁判所が集団訴訟に勝訴の見込みがあると判断して集団訴訟を許可した場合には代表当事者個人や団体に訴訟費用を負担させることを制限して、訴えの提起時から本案終了に至るまですべて国庫から立替えをして負担するか訴訟救助によって納入を免除する方案も考えられるのである。[52]

(9)　処分権主義及び弁論主義の制限と裁判所の後見的介入を強化する必要がある。

集団訴訟を遂行する代表当事者や団体の代表機関はその背後にある数多くの被害者の請求権に関し公的な管理者の立場に置かれることになる。従って処分権主義は制限され、和解、請求の放棄、訴えの取下げ等をするためには裁判所の許可を受けるようにする必要がある。[53] 同様な理由で自白に裁判所が拘束されないことにすることによって弁論主義も制限されなければならない。

(10)　証拠調べに特別規定を置かなければならない。消費者訴訟、公害訴訟のような集団訴訟においては証拠調べにおいて構造的証拠偏在現象による原告側の立証困難を救済するために特別規定を置く必要がある。

(i)　文書提出命令の要件（民訴三一六条）を緩和して弾力的に解釈しこれを積極的に利用するようにする。[54] 集団訴訟の場合には原告に立証責任がある原因事実、因果関係、損害総額に関する関係資料、証拠書類等はその大部分が被告側に偏在している場合が多い。こうした書類等を現行民事訴訟法の文書提出命令の規定（民訴法三一六条）によって裁判所に提出させることはとても難しい。従って英米法上の証拠開示ないし収集制度（pretrial discovery）をそのまま採択することよりは受訴裁判所が文書提出命令を弾力的に解釈し必要な限度で提出命令をすることができるような規定を置く必要がある。この場合提出命令の対象は文書にとどまらず図面、コンピューターのデータ、マイクロフィルム等も含ませなければならないので法案には文書その他の物件の提出としなければならないはずである。

(ii)　証拠調べの早期実施を認めるようにする。集団訴訟の場合には請求総額、集団構成員の範囲等を確定するためにも集団訴訟の許可前段階においても証拠調べを実施できるようにし、証拠調べの実施が訴えの維持に必要であるということの疏明を条件に訴訟係属中であっても独立した事前証拠調べ手続を実施できるようにする規定を置かなければならない。こうした特別規定はすべて民訴法三四六条の証拠保全の要件を緩和した特則になるのである。(55)

(iii)　民訴法三三九条の当事者訊問の補充性を排除する特則を置かなければならない。集団紛争事件の実状をより迅速に明らかにするために当事者訊問を他の証拠調べに先んじて実施できるようにしなければならない。(56)

(iv)　損害賠償額の推定規定を置かなければならない。集団訴訟においては集団構成員全体の損害が問題になるので個別訴訟とは異って推定規定が必要である。例えば被告側がもっている資料である生産数量、販売数量または増加売上高から賠償額を推定するものである。これを実効性あるものにするために文書提出命令の要件を緩和化する必要があるのは前述した通りである。(57)

⑾　職権証拠調べの特則を置かなければならない。代表当事者や団体の代表機関によって遂行される集団訴訟は公益的性格を帯び訴訟の結果が影響することが大きいので受訴裁判所が必要であると認める場合には職権証拠調べをすることができるようにしなければならない。この特則によって裁判所は当事者が申請していない証人を訊問することもできることになる。

⑿　判決には集団構成員の範囲を記載し、損害賠償判決の場合には構成員一人当り損害額の上限も記載するようにしなければならない。(58)

⒀　損害額の取立て及び分配手続に対する特則を置かなければならない。(59)

⒁　保全処分の特則を置かなければならない。集団訴訟を実効性あるものにするためには集団訴訟の許可申請をする段階で保全の必要がある場合があり得るし、また集団訴訟が終了する時までは長期間に及ぶことが予想されるので、裁判所の許可を受けて保全処分をすることができるようにする必要がある。(60)

（1）　鄭圭相「顕著な少額多数被害者の法的救済方法に関する考察」財産法研究八巻一号七九頁以下参

照。

(2) この点に関する最近の文献としては、豊田誠「集団訴訟としての公害訴訟」自由と正義二六巻一九―二三頁がある。

(3) Kötz, Welche gesetzgeberichen Massnahmen empfehlen sich zum Schutze des Endverbrauchers gegen ber AGB und Formularverträgen?, Gutachten zum 50. Deutschen Juristentag 1974, S. 85 m. Nachw. Fn. 186; E. Rehbinder, Grundfragen des Umweltrechts, ZRP 1970, S. 158.

(4) 選定当事者制度が巨大化した集団紛争解決の制度として適当でないという点に対する詳細な理論的根拠としては、李時潤「集団訴訟と立法論」金基洙教授華甲記念論文不動産法学の諸問題一〇二五頁以下、鄭東潤「米国の代表当事者訴訟」集団訴訟の法理（裁判資料一四九輯）五二頁以下。

(5) 呉錫洛「環境訴訟の現代的課題」人権と正義一七九号（一九九一・七）一〇頁参照、松浦馨「民事訴訟とは何だろうか」判例タイムズ八〇六号（一九九三・四・一）八頁以下。

(6) 不正な宣伝により損害が発生した場合に損害賠償制度を導入しようという法案が出たのであるが、この場合にも消費者団体自身に損害賠償の請求権を認めずに、消費者が、自己が受けた損害額を提訴権のある団体に譲渡すれば、この団体は譲渡された損害額をまとめて加害者に訴求する方式を認める（同法案一三条ａ）。

(7) 李時潤・前掲論文二二頁、洪準亨訳「ドイツ団体訴訟に関する研究」（法務資料九四輯）三六七頁以下参照。

(8) 李時潤「集団訴訟についての立法論的考察」人権と正義第一七九号（一九九一・七）二一頁参照。

(9) 李時潤・前掲論文二二頁参照、伊藤眞「ドイツ連邦共和国における環境保護と団体訴訟㈠」民商雑

誌一九八三・二（民商'80）、八九頁以下参照。

(10) 金鐵容「集団訴訟立法化の問題点—行政争訟を中心に—」集団訴訟の法理（法務資料一四九輯）三五頁以下、F. Kopp, Passau, nderung der Ver-waltunggerichtsordnung zum 1. 1. 1991, NJW Heft 927, Feb. 1991, S. 523.

(11) 鄭東潤「米国の代表当事者訴訟—その運営の実態と導入上の問題点」六二頁参照。

(12) 法務部「米国の民事訴訟関係法」（法務資料第五四輯）四〇〇頁参照。

(13) Environmental Defence Fund, Inc. v. Hardin事件（428 F. 2d 1039 (D. C. Cir. 1965)）では、農務長官に対し環境保護団体がDDTの規制を要求し、提訴する適格を認定し次の通りに判示した。法律の規制を受けている製品の消費者は、彼らの利益の為に設置された規制制度の適切な運用に関して公的利益を保護する為に主張される利益は、経済的である必要はない。

(14) Jaffe, Judicial Control of Administrative Action. S. 460, 501 (1965)は、他の人より異なった影響を受けることなく原告が公共の利益を守る為に遂行する訴訟を公共訴訟とする。

(15) 法務部「米国集団訴訟手続の改正に関する法律(案)」(集団訴訟に関する法律制定資料(1)二頁以下参照。

(16) 詳細な内容は、鄭東潤・前掲書六二頁参照。

(17) 法務部「わが国の集団紛争の実態と救済現況」一三三頁以下消費者保護院部分参照。

(18) 孫珠賛「消費者保護と普通去来約款の規制」学術院論文集（人文社会科学編）第一八輯（一九七九）参照。

(19) 消費者問題を研究する市民の集り刊行「約款規制の立法」七九頁以下参照。

(20)　法務部「わが国の集団紛争の実態と救済現況」一〇九頁以下環境汚染被害紛争調停制度部分参照。
(21)　李時潤「団体訴訟についての立法論的考察」二五頁参照。
(22)　李時潤・前掲論文二五頁参照。
(23)　アメリカ連邦民事訴訟規則第二三条(b)(3)では、classに属する者の全員に共通する事実上法律上の問題が、classに属する各自の問題より優越しており、class actionの方法が紛争を公正かつ能率的に裁判する為には、class actionが他の利用可能な方法よりも最も公正かつ優越した紛争解決方法であることを裁判所が認める場合にclass actionを認めている。
(24)　class action 制度の現況に関しては法務資料一四九輯「集団訴訟の法理」鄭東潤教授「米国の代表当事者訴訟—その運用実態と導入上の問題点」と鄭圭相教授「米国の消費者Class　ActionとドイツのVerbandsklageに関して—ドイツにおいての導入および論議を中心に—」で詳細に論じている。
(25)　上、II・二・アメリカの立法例参照。
(26)　鄭東潤・前掲論文六七頁、小島武司「クラス訴訟における代表の理論」自由と正義一九七五・九、二二頁以下。
(27)　上、II・二・アメリカの立法例参照。
(28)　Tennessee Elec. Power Co. v. TVA, 306 U. S. 118 (1939).
(29)　FCC v. Sanders Bros. Radio Station, 309 U. S. 470 (1940).
(30)　太田幸武夫「環境訴訟における原告適格」判例タイムズ三〇七号（一九七四）二一頁、藤田泰弘「アメリカ合衆国における行政訴訟原告適格の法理」訟務月報一九巻五号（一九七三）五九頁。
(31)　428 F. 2d 1093 (D. C. Cirl 1965).

（32）　不正競争防止法及び普通取引約款法上の団体訴訟に関しては、韓国消費者保護院研究報告書八八―〇四、消費者団体訴訟及び集団訴訟に関する研究、一三頁以下参照、不正競争防止法における提訴権者に対しては上、II・一・ドイツの立法例参照。

（33）　不正競争防止法改正草案において消費者の損害賠償請求権の為の団体訴訟を消費者団体に認定すべき必要性については、上掲書第一七節団体の損害賠償請求訴訟、三八四頁以下参照。

（34）　ドイツにおける環境訴訟に関しては、金性洙「行政法上の団体訴訟―ドイツの環境法分野を中心に―」（法務資料第一四九輯）が詳細である。

（35）　Weyreuther, Verwaltungskontrolle durch Verbande?, 1975, S. 23ff.

（36）　Bender/Sparwasser, Umweltrecht, 1988, S. 255.

（37）　Bremen州は、一九七九年に制定されたBremen州自然保護法(Brebisches Gesetz ber Naturschutz und Landschaftspflege) 四四条一項で次のように団体訴訟に関し規定している。「第四三条第二項にもとづき公的に承認された権利能力ある団体は、同条第二項の要件充足下に自身の権利侵害を主張することなく州またはゲマインデ行政官庁による行政行為の発令、拒否、または不作為が連邦自然保護法、Bremen州自然保護法、または両法を根拠として制定された法規定に違背する場合には取消、または義務化訴訟を提起することができる。」（“Ein nach § 43 Abs. 2 anerkannter rechtsfähiger Verein kann unter den Voraussetzungen des Absatzes 2 Anfechtungs- oder Verpflichtungsklage erheben, ohne die verletzung eigener Rechte geltend machen zu müssen, wenn er geltend macht, da, Erla, Ablehnung oder Unterlassung eines Verwaltungsaktes einer Beh de des Landes oder einer Gemeinde den Vorschriften des Bundesnaturschutz gesetzes, dies Gesetzes oder den aufgrund dieser

Gesetzes erlassen oder fortgeltenden Rechtsvorschrifter widerspricht.)

(38) 金性洙・前掲書二一八頁参照。

(39) 鄭東潤・前掲論文五二頁以下。

(40) 同旨、上掲論文五九頁参照。

(41) アメリカの代表当事者制度の導入時に考慮すべき事項に関して、前掲論文八六頁以下参照。

(42) アメリカ合衆国連邦民事訴訟規則第二三条についての解説としては、鄭圭相・前掲論文一〇三頁以下に詳細に説明されている。

(43) 同旨、鄭東潤・前掲論文五四頁。

(44) 同旨、鄭圭相・前掲論文一五三頁参照。

(45) 同旨、鄭東潤・前掲論文五五頁。

(46) UWG一三条二項三号、AGBG一三条二項における団体の要件に関しては、鄭圭相・前掲論文一四九頁以下に詳細である。環境訴訟における団体の要件に関しては、金性洙・前掲論文二一五頁以下に詳細である。

(47) 同旨、権五乗「消費保護と団体訴訟」人権と正義三九頁以下。

(48) 鄭圭相・前掲論文一五四頁、Gottwald, Class Action auf Leistung von Schadenersatz nach amerikanischen Vorbild im deutschen Zivilprozeß, ZZP 91, S. 14.

(49) 代表当事者が適切な場合には、非当事者が判決に拘束されることも憲法上認められていると判示した連邦最高裁判所の判例としては、Hansberry v. Lee, 311 U. S. 32 (1940)がある。

(50) class actionにおいて非当事者を拘束する為には、通知をしなければならないということに対する指針となる判例は、Mullane v. Central Hanover Bank & Trust Co., 399 U. S. 306 (1950)がある。

(51) 同旨、鄭東潤・前掲論文八七頁参照。

(52) 集団訴訟において訴価低減と訴訟救助の拡大については、李時潤・前掲論文二六頁及び鄭東潤・前掲論文八九頁以下参照。

(53) 同旨、鄭東潤・前掲論文八八頁。

(54) 同旨、李時潤「集団訴訟と立法論」金基洙教授華甲記念論文不動産法学の諸問題一〇三〇頁、鄭東潤・前掲論文九一頁、日本class action立法研究会試案第二六条、第一東京弁護士会試案三八条。

(55) 同旨、鄭東潤・前掲論文九二頁、李時潤・前掲論文、一〇三〇頁では、一九九一年ドイツ司法簡素化法に改正法律で証拠保全手続のかわりに独立した証拠調査手続を新設することと同様の趣旨のものを集団訴訟の証拠調査の特則として規定することを提案している。この場合、ZPO第二篇第一章第一二節独立証拠調査手続の規定は多く参考になると考える。

(56) 同旨、鄭東潤・前掲論文九二頁、日本class action立法研究会試案二四条。

(57) 同旨、日本class action立法研究会試案第二五条、第一東京弁護士会試案四二条。

(58) 同旨、鄭東潤・前掲論文九四頁、日本class action立法研究会試案二八条。

(59) 判決から執行、分配、受領を詳細に規定する特則を置かねばならない。これについては、法務部発行集団訴訟に関する法律制定資料（II）に生かされている日本のclass action立法研究会試案、公明党試案、第一東京弁護士会試案等が参考になると考える。

(60) 呉錫洛「環境訴訟の現代的課題」人権と正義一七九号一七頁参照。

〈著者紹介〉

金　洪奎（キム・ホンギュ）

1931年　韓国慶尚南道晋陽郡生れ
1957年　ソウル大学校法科大学卒業
1961年　ソウル大学校大学院卒業
1970年　日本大阪市立大学大学院博士課程修了
1978年　独逸Saarland大学２年間研究
1980年　日本大阪市立大学法学博士学位取得
1997年　延世大学校法科大学停年退職
現　在　大韓民国学術院会員，漢陽大学校法科大学客員教授

〔主要著作〕

民事訴訟法（三英社，1992年改正四版），外国仲裁判断の国内における承認及び執行（大韓商事仲裁院，1975），証拠契約の研究（法律文化社，京都1975），民事訴訟法新旧條文及び解説（大旺社，1990），註釈民事訴訟法（共著，韓国司法行政学会，1996），独逸仲裁法（訳書，大韓商事仲裁院，1971），独逸民事訴訟法（訳書，新元文化社，1992）

韓国司法制度入門——司法制度概要と立法動向——

2001年（平成13年）６月10日　第１版第１刷発行

著　者　金　洪奎
発行者　今井　貴
　　　　渡辺左近
発行所　信山社出版
〒113-0033 東京都文京区本郷6-2-9-102
TEL 03（3818）1019
FAX 03（3818）0344

Printed in Japan

印刷・製本／勝美印刷・大三製本

ISBN 4-7972-2191-7 C3332

体制改革としての司法改革　井上達夫・河合幹雄編
——日本型意思決定システムの構造転換と司法の役割　二七〇〇円

民事訴訟と弁護士　那須弘平著　六八〇〇円

民事再生法書式集〔新版〕　園尾隆司・須藤英章監修　四二〇〇円

民事調停制度改革論　廣田尚久著　二〇〇〇円

司法制度の現在と未来　笹田栄司・亘理格・菅原郁夫編
——しなやかな紛争解決システムを目指して　三二〇〇円

ロースクール教育論　遠藤直哉著　二〇〇〇円

司法改革の思想と論理　小田中聰樹著　三二〇〇円

信山社